AF357093

ALBERT PUIS

CE QU'UN FRANÇAIS
DOIT SAVOIR DE L'ITALIE

PRÉFACE

DE

M. STEPHEN PICHON

Ministre des Affaires Étrangères

PARIS

LIBRAIRIE BERNARD GRASSET

61, Rue des Saints-Pères, 61

1918

Préface

—

Le sujet de ce petit livre est de ceux que j'aurais le plus à cœur de recommander, dans une préface, si mes présentes fonctions ne m'interdisaient justement d'en écrire une.

Heureusement, la préface était toute prête : elle existait même avant le livre. Je n'ai qu'à évoquer la longue série des articles que, dans ces trois ans de guerre, les circonstances m'ont amené à consacrer à l'Italie, pour que s'en détachent naturellement les déclarations où s'expriment les idées et les sentiments que j'ai toujours professés à l'égard de ce noble pays.

A la veille de l'Intervention, le 22 avril 1915, j'écrivais dans le *Petit Journal* :

L'Italie est une des nations qui trouvent dans leur histoire récente les plus fortes raisons de se prémunir contre le retour des prétentions germaniques. Elle est, en effet, plus qu'aucune autre, le produit du droit sur lequel sera fondée l'Europe nouvelle. Accrue des populations italiennes qui lui manquent et qui lui viendront avec tout l'élan de leur cœur, elle incarnera au plus haut point cette idée des nationalités qui aura triomphé à travers tant de luttes et survécu à tant de catastrophes. Elle sera ramenée par la victoire à la source naturelle de sa vie.

Il y a place dans la Méditerranée, sur les côtes d'Afrique et en Orient, pour une Italie puissante à côté d'une France dont les domaines forment déjà un véritable empire. Non seulement aucune jalousie ne doit séparer les deux nations latines, associées à une même œuvre d'expansion économique et de civilisation, mais encore un même souci de défense et de protection doit les rapprocher l'une de l'autre et créer entre elles des liens de plus en plus resserrés.

Un mois plus tard, l'intervention italienne était une réalité. Et, le jour même, le 22 mai, je commentais ainsi l'heureuse nouvelle, dont je n'avais jamais douté :

L'événement d'aujourd'hui, dû à la ferme clairvoyance du ministère Salandra-Sonnino, à la décision du roi Victor-Emmanuel, à la foi nationale du peuple italien et aux efforts de la Triple-Entente, est le résultat d'une continuité de vues et d'efforts qui ne se sont pas démentis depuis 1896, date de la signature des conventions italo-tunisiennes, et qui ont pris une importance particulière et une direction énergique à dater du jour où M. Barrère, dont on ne peut trop louer les incomparables services, a été appelé à notre ambassade au Quirinal.

Nous sommes loin de l'époque où Bismarck et Crispi se multipliaient les politesses, où l'image de leurs augustes personnes tapissait les murs de la Ville Éternelle, où l'empereur Guillaume, accédant au trône, passait des revues à Centocelle et dans la baie de Castellemare, où le roi Humbert était convié à admirer, au Tempelhof, les troupes qu'on va déchaîner maintenant contre le royaume de Savoie.

Je puis rappeler tout cela, étant de ceux qui n'ont pas un seul instant renoncé à la propagande française en Italie, qui l'ont menée inlassablement, au milieu du scepticisme des uns et des résistances des autres, et qui ont toujours été certains de son succès.

Ce ne sont pas seulement les liens de consanguinité, qui réunissent les alliés de 1859, ajoutais-je trois jours plus tard, mais une conception identique des droits et des devoirs des peuples libres, un même dégoût de la tyrannie, une même horreur des procédés par lesquels une race affolée d'orgueil prétend imposer son omnipotence, un même attachement, à des compatriotes asservis qui revendiquent indomptablement la patrie perdue, une même foi dans les idées qui sont, pour les nations comme pour les hommes, la justification de la vie, une même conscience.

Si terrible qu'elle soit, la guerre est un épisode qui passera dans l'histoire de la France et de l'Italie. Ce qui est durable et qui demeurera, c'est, avec leur parenté d'origine, la communauté de leurs besoins...

Ai-je besoin d'ajouter que le développement de l'intervention italienne n'a pas été pour modifier mes sentiments ou mes vues, ni dans le succès, ni dans l'épreuve.

Entre vingt témoignages écrits que j'en pourrais donner, je me contente de ces quelques phrases.

Le 30 avril, j'écrivais :

Plus nous irons et plus se manifestera, j'en suis certain, la solidarité de la France et de l'Italie. Plus nous avancerons dans la guerre et plus apparaîtra la nécessité d'une action complète et continue contre l'ennemi le plus acharné et le plus puissant des deux peuples latins. « Nous combattons la latinisation » disait récemment M. de Bethmann-Hollweg au Reichstag, dans un de ses rares moments de franchise. Les armées italiennes qui marchent aujourd'hui « vers la belle mer de Trieste, vers les belles montagnes, vers les cimes de la mort », comme disait le grand poète Carducci, sont, en effet, les camarades et les compagnes des armées françaises de l'Artois, de la Somme, de la Champagne, de la Meuse et des Vosges. Elles le deviendront davantage encore. C'est dans la logique et la fatalité des choses.

Un an plus tard, le 23 avril 1917, au lendemain du séjour de M. Poincaré en Italie :

Nous sommes, l'Italie et nous, engagés dans le même combat, violent, sanglant, atroce et sans rémission possible pour la conservation de notre indépendance et le salut de nos libertés. Comme l'a fort bien dit M. Poincaré dans son télégramme au roi Victor-Emmanuel III, nous nous battons pour les mêmes principes, la même culture, les mêmes traditions, le même idéal, et nous travaillons d'un même cœur au progrès de l'humanité. Nous n'accomplirons notre œuvre que si nous restons complètement unis, à l'abri de toutes les entreprises de division auxquelles nous serons inévitablement en butte, et si nous sommes décidés à demeurer fraternellement alliés non seulement jusqu'à la fin de la guerre, mais après sa conclusion.

Déclaration que je confirmais en la précisant en ces termes, le 4 octobre 1917 :

Si l'Italie et son souverain veulent, pour la Belgique et pour la France, la satisfaction complète des revendications dont le succès est la condition *sine qua non* de la paix future, nous ne voulons pas moins, pour nos alliés de Rome, la satisfaction de leurs revendications sur les terres qui reviennent de droit à l'Italie. Entre eux et nous, il y a dans notre pensée plus que des assurances d'appui temporaire soumises aux circonstances, aux variations de la politique et aux péripéties de la guerre : un contrat d'avenir que rien ne doit rompre et qui est un des éléments essentiels du monde de demain.

Enfin, le 2 novembre 1917, aux mauvais jours de l'offensive austro-allemande, voici comment je représentais l'attitude de l'Italie, celle de la France, comment je concevais leur alliance :

Est-il un seul homme au courant de l'histoire qui aurait supposé que la menace d'un retour de l'oppression détestée des anciens tyrans de Venise aurait une autre conséquence que de soulever dans un mouvement de révolte incompréhensible les héritiers des fondateurs de l'Italie moderne ?...

Tous les Français comprendront qu'en envoyant au delà des Alpes, des troupes destinées à combattre côte à côte avec celles qui luttent sur une terre arrosée naguère du sang des soldats de la Révolution et de l'Empire, nous ne faisons que poursuivre au delà des Alpes l'œuvre de libération que nous accomplissons sur notre propre territoire.

Quinze jours plus tard, devenu ministre des Affaires étrangères, je répondais aux félicitations de M. Luzzatti, par le télégramme suivant :

Merci à tous mes collègues du Parlement interallié et tout particulièrement à vous, cher ami. C'est l'heure où je dois plus que jamais me souvenir de mes sentiments d'invariable attachement à l'Italie. Je n'y manquerai pas.

Cet engagement du 20 novembre dernier, je suis particulièrement heureux d'avoir l'occasion de le renouveler aujourd'hui.

STEPHEN PICHON
Ministre des Affaires étrangères.

CE QU'UN FRANÇAIS DOIT SAVOIR DE L'ITALIE

I

L'histoire

L'Italie est une nation à la fois très vieille et très jeune. Son glorieux passé est la source vive où s'alimentent aujourd'hui ses rêves d'avenir.

Son histoire présente une alternance de grandeurs et de décadences successives ; elle révèle la singulière puissance de renouvellement que possède ce peuple. A aucun moment, elle n'est indifférente pour l'humanité, parce que l'Italie a fourni à notre commun patrimoine un apport inestimable.

L'Empire Romain.

Elle fut en premier lieu le centre politique et le résumé de la civilisation de l'antiquité. Rome, d'abord simple cité, puis maîtresse de la péninsule italique, a conquis progressivement tous les pays riverains de la Méditerranée, la Grèce et la Macédoine, le Nord de l'Afrique, l'Espagne, l'Asie-Mineure, la Gaule, la Grande-Bretagne, poussé ses frontières jusqu'au Rhin, au Danube, à l'Arménie, à la Mésopotamie. Elle a ainsi formé le plus vaste empire qui eût existé jusqu'alors et fut véritablement la capitale du monde connu des anciens. Elle a dû cette singulière fortune à sa position privilégiée, au centre de la mer qui devint mer romaine, aux vertus civiques de son peuple, à une organisation militaire admirée et citée comme un modèle jusqu'à nos jours, à la politique persévérante et avisée de son Sénat ou de ses Empereurs.

Bien que l'empire romain fût fondé sur la conquête, Rome n'a pas traité ses sujets en vaincus ; elle les a progressivement élevés jusqu'à elle, jusqu'à ce qu'au IIIᵉ siècle, tous eussent reçu le titre de citoyen. Elle a respecté leurs langues, leurs coutumes, leurs religions, si elles n'étaient pas hostiles à l'Etat ; elle a même adopté leurs idées, leurs croyances et assimilé leurs civilisations. Elle est devenue comme le résumé de toutes celles de l'antiquité. Aussi la domination romaine n'a-t-elle pas paru pesante, au moins sous l'Empire. En aucun temps, la liberté personnelle n'avait encore été si grande. D'autre part, Rome, née de la guerre, a donné la paix au monde : pendant plus de deux siècles, il jouit d'une pacifique prospérité. C'est un fait peut-être unique dans l'histoire qu'un Etat si grand et si hétérogène ait trouvé un élément de durée et de solidité dans la reconnaissance et l'attachement de tous pour la cité-mère. Lorsque l'Empire eut disparu, le patriotisme romain lui a survécu et son souvenir est demeuré longtemps vivant parmi les hommes.

Il est resté surtout celui d'une organisation administrative, judiciaire, financière qu'aucun Etat ancien n'avait encore connue. Des divisions provinciales régulières, correspondant aux réalités ethniques et géographiques, des fonctionnaires disciplinés, révocables et appointés, des impôts fixes, proportionnels, basés sur la richesse ou la circulation, voilà la solide armature de l'état moderne dont Rome nous a fourni le modèle. Cet Etat est fondé sur la loi et le droit : cette double notion, essentiellement romaine, les empires orientaux l'ont à peu près ignorée, les cités grecques l'ont gardée dans le cercle étroit de leurs murailles. Rome l'a apprise au monde : la loi, expression de la volonté générale, œuvre du peuple ou de ses délégués, appliquée par ses magistrats, définit ce qui est dû à l'État et appelle l'obéissance absolue : le droit définit ce qui est dû aux particuliers ; préteurs, jurisconsultes, empereurs, de la vieille loi des douze Tables au Code Justinien, l'ont enrichi, de manière à y enfermer l'expérience de dix siècles et à y condenser toute la sagesse antique en des formules d'une rigoureuse précision : c'est le fondement de toute la société moderne.

Conception de l'Etat, conception de la loi et du droit, voilà ce que nous devons aux ancêtres des Italiens d'aujourd'hui. Et c'est là la première gloire de l'Italie.

Le monde chrétien.

La seconde, c'est d'avoir été au moyen âge le centre moral du monde chrétien. Lorsque les invasions germaniques eurent achevé l'œuvre de dissolution de l'Empire romain, et qu'à sa place naquit un monde politique nouveau, le monde féodal, fractionné à l'infini, les papes reprirent à leur compte le rêve d'unité et d'universelle domination jadis réalisé par la Rome du paganisme. Ils créèrent l'unité catholique : des églises, des monastères épars, trop mêlés à la vie laïque, ils firent une société cohérente, superposée à la société séculière, avec son organisation et ses lois propres, une sorte d'état international dont le chef résidait à Rome et dont les provinces étaient dirigées par des légats. La mission de cet Etat était de régir la vie spirituelle ; cette mission permettait au pape d'étendre son autorité non seulement sur les évêques et abbés, mais aussi sur les fidèles. Ainsi le pape devint-il au moyen âge le chef spirituel de la chrétienté. L'Eglise catholique, avec sa forte centralisation, sa hiérarchie, sa discipline, porte la marque du génie romain. Ses plus grands papes, Grégoire VII, Innocent III, furent moins grands peut-être par leurs vertus que par leurs talents d'organisateurs, par la hauteur de leurs desseins, et par l'énergie tenace avec laquelle ils en ont poursuivi l'application.

Non contents de dominer les âmes, ils ont aussi voulu gouverner les corps, être les maîtres des biens temporels, inspirer et contrôler la conduite des princes. Ils arguaient que Dieu les avait délégués comme ses représentants, désignés comme les dispensateurs des couronnes, et les dépositaires de toute autorité. On vit donc les papes, non contents de soustraire aux rois le gouvernement de l'Eglise, se mêler du gouvernement des Etats, conseiller les souverains, les déposer, délier leurs sujets des serments de fidélité, imposer des trêves ou des traités aux belligérants, armer des nations les unes contre les autres, unir enfin les barons, les rois ou les empereurs dans un effort commun contre les Infidèles. Les croisades marquent l'apogée de la puissance des pontifes romains. L'Europe a failli un moment devenir une théocratie. Pour la seconde fois, Rome fut la capitale du monde : celui qui siège au trône de saint Pierre est au-dessus des princes et devant lui, à deux reprises, il voit s'humilier les tout puissants empereurs d'Allemagne : moment glorieux de l'histoire d'Italie où Rome apporta au monde, après la formule de la loi et du droit, celles de la foi et de l'unité religieuses.

La Renaissance.

Mais, à dater du xiv° siècle, la puissance pontificale subit une éclipse ; les papes conservent sans doute l'autorité spirituelle, contestée par les conciles ; ils perdent la direction effective du monde. Les nations s'émancipent ; de la catholicité se détachent des églises autonomes, soumises surtout à leur roi : enfin la Réforme brise l'unité romaine. Au moment où l'Italie perd le sceptre moral, elle devient le pôle intellectuel et artistique du monde : pour la troisième fois, elle apparaît comme le peuple-roi.

En elle avait, dès le moyen âge, bouillonné l'activité créatrice. Nul pays de l'Europe ne peut citer des poètes ou des écrivains dignes d'être comparés en leur temps à Dante, à Pétrarque et à Boccace. Au xiv° siècle, les humanistes italiens retrouvèrent les manuscrits antiques oubliés, remirent en honneur les lettres latines, puis plus tard les lettres grecques, et, révélant au monde le trésor de la pensée antique, ils créèrent la pensée moderne, les genres littéraires modernes. Bembo, Machiavel, l'Arioste, le Tasse furent des initiateurs. Partout on se mit à leur école ; et notre Renaissance française en particulier est la fille de la Renaissance italienne.

Dans le domaine des arts, les trois siècles qui vont de la naissance de Giotto à la mort de Véronèse accusent la plus admirable floraison de belles œuvres qui ait jamais existé. L'art fut alors vraiment l'expression la plus profonde et la

plus générale du génie de la race : la recherche et le culte
de la beauté expressive passionnaient à ce point ce peuple
d'artistes qu'il n'est pas une petite ville italienne, peut-être
pas un bourg où ne se trouve aujourd'hui une église, un
palais, une statue, un tableau, quelque vestige enfin de
cette époque féconde. L'apogée de cette mémorable époque
se place entre 1400 et 1550 ; alors Florence, Rome et Venise, pour ne parler que des cités-types, brillent d'un in-
comparable éclat ; c'est le siècle de Ghiberti, de Donatello,
de Masaccio, de Verrocchio, de Ghirlandajo, de Botticelli,
de Léonard de Vinci, du Perugin, de Raphaël, de Michel-
Ange, du Corrège, du Titien, de Véronèse. L'Italie apparut comme le musée du monde ; les artistes italiens, ayant
retrouvé dans les modèles antiques, ou recréé les types éter-
nels, ayant ramené l'art à son but véritable, l'imitation de
la nature, devinrent les maîtres de tous les artistes européens. La musique moderne elle-même est née en Italie
avec Palestrina et Monteverde. Si bien que l'Italie fut la
mère de tous les arts et l'éducatrice des peuples. Et c'est
là sa troisième gloire et non la moindre.

L'Italie au XVIIᵉ et au XVIIIᵉ siècles.

Cependant ni au temps de la puissance pontificale, ni à
l'époque de la Renaissance, l'Italie ne put réaliser son unité
politique. Rattachée d'abord au Saint Empire germanique,
elle lui échappa, grâce à la lutte des papes et des empereurs.
Et cet effort d'émancipation fut le principe même de sa
division ; le pape, trop occupé à dominer le monde et à
vaincre le César allemand, ne songea pas à créer un Etat
italien, et se borna à chercher dans la péninsule des auxi-
liaires contre son rival. Des républiques urbaines naquirent
alors ; Florence, Gênes, Venise, Milan sont les plus puissantes ; entre la papauté et l'empire, elles surent se rendre
indépendantes. Jalouses les unes des autres, déchirées pour
la plupart par les luttes des factions gibelines et guelfes,
elles finirent par tomber sous la domination de condottieri
heureux, comme les Sforza à Milan, ou de riches banquiers,
comme les Médicis à Florence. Venise et Gênes gardèrent
jusqu'à la fin du XVIIIᵉ siècle leur forme primitive de républi-

ques aristocratiques : au Nord et au Sud, des duchés ou des royaumes subsistèrent, Savoie, Deux-Siciles ; au centre, le domaine pontifical. Ainsi l'Italie devint une expression géographique, un aggrégat d'Etats de dimensions modestes, dont l'un pourtant, Venise, sut fonder sur la rive orientale de l'Adriatique et dans l'Egée un puissant empire colonial.

Privée d'unité, l'Italie n'en demeura pas moins le centre d'une remarquable activité économique ; à vrai dire, elle fut, au moyen âge, avec les Flandres et les villes de la Hanse, un des pôles du commerce et de l'industrie du monde ; le développement actuel de l'Italie, à cet égard, n'est qu'une renaissance. Milan était célèbre par ses armes, Florence par ses laines, ses soies, ses orfèvreries. Gênes envoyait ses vaisseaux jusqu'au fond de la mer Noire ; le pavillon de Venise flottait dans le Levant : ses marchands allaient chercher aux ports de Syrie et d'Egypte les produits de l'Extrême-Orient mystérieux ; ils les portaient jusqu'en Allemagne et en Scandinavie. L'Italie était opulente ; l'argent y affluait ; ses monnaies circulaient partout ; ses banquiers prêtaient aux rois d'Europe. Tant de prospérité attira les convoitises. Au xvi⁰ et au xvii⁰ siècle, sous leurs princes débonnaires, artistes, diplomates subtils, les Italiens en avaient pris leur parti, tout à leur vie molle et facile, à l'enchantement d'un art précieux et de musiques sensuelles ou légères.

Cependant, grandissait silencieusement au pied des Alpes la maison de Savoie, instrument futur des destins. Incertaine d'abord de son avenir, mi-française, mi-italienne, à cheval sur les passages dans les vallées alpestres, elle s'est, au xviii⁰ siècle, fixée définitivement sur le versant oriental, en perdant Genève et Gex. Faible entre la France, l'Espagne ou l'Autriche maîtresses successives du Milanais, elle a grandi grâce à ses vertus robustes et à l'astucieuse politique de ses princes, habiles à exploiter les rivalités de la France et des Habsbourg, à vendre son appui tantôt à l'une tantôt aux autres, y gagnant peu à peu « quelques feuilles de l'artichaut milanais », devenant dans l'Italie indolente et divisée la seule puissance militaire qui comptât.

Au même moment, l'âme italienne s'ouvrait aux regrets d'un passé illustre et aux confuses aspirations vers de glorieux avenirs. On exhumait Pompéi ; Cicognara et Borghèsi créaient la science archéologique et l'épigraphie ; les vers d'Alfieri, de Pietro Verri répétaient l'écho des rêves patriotiques de Dante et de Michel-Ange : en même temps, les spéculations de nos philosophes éveillaient les consciences. 89 ébranla profondément l'Italie. La conquête française, l'apparition de Napoléon surtout furent pour elle comme une révélation. La France, devenue nation libre, montrait la voie à sa sœur latine ; le conquérant prestigieux, en qui les Italiens saluaient l'un des leurs, en fit, à coup de victoires, une République, puis un royaume unifié, avec ses annexes naturelles, Frioul, Istrie. Du coup, l'Italie connut sa destinée ; si elle souffrait d'être une dépendance de l'Empire français, elle vénéra dans Napoléon le premier créateur de la nation italienne. En l'abandonnant en 1814, elle prétendait garder le bénéfice de ses bienfaits, l'unité politique. Et lorsque les traités de 1815 eurent restauré les anciens Etats, les anciens régimes et fait de l'Autriche la dominatrice de la péninsule, l'Italie se retrouva déçue, avec la haine de l'étranger au cœur, le désir véhément d'être libre, la passion ardente de l'unité.

Le Risorgimento.

Ce fut d'abord un travail de taupes, des conspirations de *carbonari*, qui aboutirent à des révoltes partielles, dans le Piémont, en Lombardie et à Naples en 1820, dans les Etats pontificaux en 1830 ; ces tentatives, vite réprimées, servirent de prétextes à des interventions autrichiennes et rendirent plus lourde la main de l'étranger, plus étroit le despotisme des princes. Alors l'Italie se prépara silencieusement : de 1815 à 1848, ses savants, à Rome, à Florence, à Turin, retrouvèrent et classèrent ses titres : ses poètes, ses écrivains, ses dramaturges, Leopardi, Manzoni, Guerrazi, Niccolini, traduisirent ses rêves désormais précis, en magnifiant ses vertus et en chantant ses gloires. D'autres bâtissaient son avenir : l'abbé Gioberti, dans son *Primato*, hymne d'amour pour la patrie italienne, la concevait comme une union de ses princes sous la conduite du pape : d'Azeglio et Balbo réservaient un rôle plus actif au Piémont et songeaient à rejeter l'Autriche dans les Balkans pour assurer à l'Italie ses frontières historiques. Mazzini voulait la liberté et une sorte de fédération républicaine. Ces projets bouillonnaient quand Pie IX monta sur le trône pontifical. Admirateur de Gioberti, il était libéral et patriote : dans le Piémont, Charles-Albert évoluait vers une politique conforme aux aspirations populaires. C'est alors que la Révolution de 1848 éclata.

Elle eut en Italie un immense retentissement. Partout, à la nouvelle de la double chute de Guizot et de Metternich, éclatèrent des mouvements révolutionnaires qui aboutirent à l'octroi de Constitutions : surtout, d'un bout à l'autre de la péninsule, le même cri retentit : *fuori i barbari*, dehors les Barbares. Les souverains entraînés, Charles-Albert en tête, coururent sus aux Autrichiens ; en mai 1848, après la victoire sarde de Goïto, ceux-ci avaient perdu Milan ; Venise, avec Manin, avait proclamé la République. Le rêve de tous semblait se réaliser. Mais les scrupules du pape, la mauvaise volonté du roi de Naples, et surtout l'arrivée de renforts autrichiens changèrent les espoirs en une amère déception. Charles-Albert, abandonné par les contingents romains et napolitains, battu à Custozza, dut évacuer le Milanais et signer une trève. Les républicains et bien des patriotes accusèrent de cette faillite les princes et surtout le pape. La Sicile se révolta ; à Rome, l'assassinat du ministre Rossi marqua la rupture du peuple et de Pie IX ; peu après, celui-ci quittait la ville où était proclamée la République ; à Florence, à Modène, les ducs étaient également chassés. Au milieu de cette anarchie, la France offrit son concours au Piémont pour reprendre l'œuvre de libération ; Charles-Albert préféra agir seul, et, ayant rompu la trève, fut battu à Novare et abdiqua. Grâce à l'entremise de la France, l'Autriche se contenta d'une indemnité ; mais partout en Italie, elle rétablissait son autorité ou son influence : la liberté était perdue et l'unité reculée.

Cavour et son œuvre.

Par bonheur, l'Italie rencontra alors l'homme providentiel, Cavour, un politique et un diplomate de premier ordre que secondèrent la popularité et la bonhomie du roi Victor-Emmanuel II et l'audace révolutionnaire de Garibaldi. Cavour arma d'abord le Piémont pour les luttes futures ; il développa sa richesse économique, le dota d'une armée solide et bien organisée, attira par son libéralisme les regards de l'Italie entière. Puis, renonçant à l'isolement orgueilleux de Charles-Albert, il demanda l'appui de la France pour l'œuvre d'émancipation et d'unité. Napoléon III aimait l'Italie et n'hésitait à s'engager que par égard pour la papauté et les catholiques. Cavour sut vaincre ses scrupules ; il offrit l'aide militaire de la Sardaigne dans la guerre de Crimée, trouva l'occasion de montrer au monde la vaillance de ses soldats, fut admis au congrès de Paris, y posa la question italienne. En même temps, il se liait avec les révolutionnaires et préparait les mouvements libérateurs. Lorsque l'empereur des Français se décida enfin, après l'attentat d'Orsini, tout était prêt. L'entrevue de Plombières scella l'alliance franco-sarde, dont le mariage de la princesse Clotilde avec le prince Napoléon fut le gage. L'Autriche commit le péché d'orgueil et provoqua la tempête. A Magenta, à Solférino, Français et Piémontais scellèrent pour toujours l'amitié latine. L'unité italienne commençait par l'expulsion de l'Allemand.

Mais l'attitude hostile de la Prusse empêcha Napoléon III d'achever son œuvre. A Villafranca, au traité de Zurich, le Piémont n'obtenait que la Lombardie et la promesse d'une illusoire confédération. Cavour prit alors la direction des événements : la Toscane, l'Italie centrale, soulevées contre leurs ducs, s'annexèrent d'elles-mêmes : la Sicile et Naples furent conquises par l'épique expédition des Mille : Garibaldi remettait au roi le midi, renonçant, pour que l'Italie soit, à ses rêves républicains. Et le royaume d'Italie naquit (18 février 1861) ; il ne lui manquait que Venise et Rome. Cavour survivait quelques mois à son triomphe. Il avait pu dire : « Nous avons bien assez fait, nous autres ; nous avons fait l'Italie. »

La question vénitienne fut réglée par la guerre austro-prussienne de 1866. L'Italie s'appuya sur la Prusse pour conquérir ses limites naturelles, comme elle s'était appuyée sur la France pour s'unifier : mais la campagne malheureuse de 1866, la double défaite de Custozza sur terre et de Lissa sur mer, dont les effets furent annulés par la victoire des Prussiens à Sadowa, força les Italiens à se contenter de la Vénétie, sans le Trentin, l'Istrie et la Dalmatie, et avec une frontière dont ils subissent encore aujourd'hui les désavantages. La question romaine fut encore plus ardue à résoudre. Pour faire de Rome la capitale de l'Italie, il fallait dépouiller le pape, réduit, depuis l'écrasement de son armée à Castelfidardo (1860) aux murs de la Ville Eternelle, braver l'opinion catholique, particulièrement puissante en France dans l'entourage de l'Impératrice. Une première tentative, celle de Garibaldi, dut être arrêtée par les soldats italiens eux-mêmes à Aspromonte, sur l'injonction de Napoléon III. Celui-ci obtint de Victor-Emmanuel, par la convention de septembre 1864, la garantie de l'état pontifical. Une seconde tentative de Garibaldi aboutit à l'intervention d'une division française et au choc sanglant de Mentana (1867) : mais les troupes françaises qui protégeaient le pape durent quitter Rome lorsqu'éclata la guerre franco-prussienne : aussitôt après Sedan, le 20 septembre 1870, les troupes du général Raffaele Cadorna entraient à Rome par la brèche ouverte près de la *Porta Pia*. Le roi Victor-Emmanuel II quitta Florence pour sa nouvelle capitale. L'Italie possédait désormais son centre historique ; l'unité était achevée.

Mais de son ancienne division politique, il est resté en Italie comme en Allemagne un particularisme régional très marqué. Si le souvenir des dynasties défuntes, les Habsbourg de Toscane et de Modène, les Bourbons de Naples, ne subsiste plus aujourd'hui que chez une minorité aristocratique, si la joie de l'unité a fait oublier des gouvernements généralement débonnaires et paternels, du moins à Florence et dans l'Emilie, la cohésion est loin d'être aussi parfaite en Italie qu'en France. La géographie qui explique en partie les divisions politiques d'autrefois maintient encore aujourd'hui des différences d'esprit notables entre les habitants de l'Italie du Nord, ceux de l'Italie centrale et ceux de l'Italie du Sud. Siciliens, Napolitains, Toscans, Italiens de la Romagne et des Marches, Piémontais, Lombards, Gênois et Vénitiens conservent une individualité accusée, qui se reflète dans la vie politique et dans la distribution des partis.

L'Italie de 1870 à 1900.

Devenue une nation, l'Italie a voulu être une grande nation ; elle a passé par deux phases symétriques de recueillement et d'activité, de travail intérieur et d'expansion extérieure. De 1870 à 1881, c'est une période de calme à laquelle succède, de 1881 à 1898, une fièvre de desseins ambitieux et de politique conquérante ; de 1898 à 1911, ce sont derechef des années paisibles d'apparence où se prépare la brusque révélation de 1911, et surtout celle de 1914 et de 1915.

La vie politique du nouveau royaume fut d'abord dominée par le problème religieux et le problème financier. Le pape avait protesté contre la « spoliation » dont il était l'objet : le gouvernement italien lui offrit la propriété du Latran et du Vatican, une liste civile, l'inviolabilité, la liberté des conclaves, le droit de recevoir des ambassadeurs, la nomination des évêques italiens ; c'est la loi des garanties (13 mai 1871). Pie IX refusa, se considéra comme prisonnier au Vatican, interdit aux catholiques de voter. Alors la guerre recommença entre l'Etat et l'Eglise. Cette querelle intérieure devint une question européenne par l'attitude des conservateurs français qui prirent fait et cause pour la Papauté. Ainsi commençait le malentendu entre l'Italie et la France, au moment même où Bismarck, en se déclarant contre le pape, se conciliait au contraire les sympathies de ses alliés de 1866 ; la mort de Pie IX et de Victor-Emmanuel II (1878) en amenant un changement de personnes, ne modifia pas essentiellement les rapports des pouvoirs laïque et religieux.

Le problème financier fut moins ardu à résoudre. L'unité avait coûté cher : la dette déjà lourde s'était encore aggravée des dépenses nécessitées par les nouvelles lois militaires, les armements de la guerre et de la marine, les fortifications de Rome. Le déficit fut péniblement couvert par de lourds impôts, plus pesants dans un pays encore pauvre. Pourtant le parti conservateur, l'ancien parti de Cavour, qui gouverna l'Italie avec Lanza et Minghetti, de 1870 à 1878, parvint, à force de prudence et d'économies, à rétablir l'équilibre. Mais le mécontentement provoqué par les charges fiscales, ainsi que les rancunes des Florentins qui regrettaient le transfert de la capitale à Rome, et les jalousies qu'excitait l'accaparement des places par la *consorteria* de la droite déterminèrent la chute des conservateurs et l'avènement des libéraux et radicaux.

Les membres de la gauche appartenaient en grande partie au midi ; ils étaient démocrates et réclamaient la transformation du régime censitaire piémontais étendu à l'Italie en 1861 ; ils étaient libre-échangistes et préconisaient la réforme douanière ; ils étaient anticléricaux. Chez beaucoup d'entre eux éclataient des dons oratoires et politiques remarquables, notamment chez Crispi, Nicotera, Zanardelli, Depretis ; mais, ardents, passionnés, imaginatifs, divisés par des rivalités personnelles, ils étaient loin de la sagesse et de la modération de la génération précédente ; ils apportèrent au gouvernement une fièvre de réformes, une ardeur de polémique qui vicièrent souvent les meilleures intentions. Pourtant la loi électorale de 1882 diminua le cens de la moitié et admit à l'électorat les gens pourvus de diplômes ; le rétablissement de l'équilibre budgétaire permit de supprimer le droit sur le blé, remplacé par des impôts sur des objets moins indispensables : le cours forcé du papier monnaie prend fin. La prospérité du pays se développe.

A l'extérieur, l'Italie évolue vers l'Allemagne et l'Autriche. Inquiète de l'attitude de la France dans la question romaine, elle se laissait tenter par les perfides conseils de Bismarck. Celui-ci, soucieux de consolider l'œuvre du traité de Francfort, travaillait à brouiller les deux sœurs latines et à réconcilier l'Italie et l'Autriche ; il flattait les rêves d'avenir des Italiens en faisant miroiter devant eux la domination de la Méditerranée, leur tendait l'appât de la Tunisie, au moment même où il conseillait à la France de s'en emparer. Cette politique astucieuse porta ses fruits. Dès 1873, Minghetti (le beau-père du prince de Bülow), se rapprochait de l'Autriche. Victor-Emmanuel allait à Vienne et à Berlin ; l'empereur François-Joseph venait à Venise ; l'empereur Guillaume, à Milan. La conquête de la Tunisie par la France (1881) devait précipiter l'évolution, en excitant des rancunes et en dérobant à l'Italie la vision de ses véritables intérêts. ,

Le gouvernement de la gauche qui s'étend de 1878 à 1896 acheva l'œuvre politique amorcée par Minghetti. En mai 1882, l'Italie entrait dans la Triple Alliance, devenait garante du traité de Francfort, et n'obtenait en retour de Bismarck que l'illusoire garantie de son intégrité, que la France ne menaçait pas, sans l'aide qu'elle espérait pour réaliser ses ambitions méditerranéennes ; en se liant à l'Autrichien détesté, elle sacrifiait les espoirs irrédentistes, à la grande douleur des vrais patriotes. Ce traité sans avantages entraîna de désastreuses conséquences : l'augmentation de l'armée, les fortifications alpines, la construction d'une flotte coûteuse de gros cuirassés. Le système gallophobe atteignit son apogée sous Crispi, après les renouvellements de 1887 et de 1892. Crispi multiplia les manifestations de sympathie pour l'Allemagne et les provocations à l'égard de la France ; il mérita d'être décoré par Guillaume II dès l'avènement de ce dernier. Ainsi la Triplice engagea l'Italie dans de ruineuses dépenses, et sa vie économique fut profondément troublée par la guerre de tarifs que la France lui fit et qui frappa si durement les produits agricoles du Sud.

En vain Crispi crût-il un moment avoir réalisé l'union morale de l'Italie par une politique résolument nationale. Tempérament de dictateur, violent et intempérant, mais vigoureux, passionné, amoureux de l'action, puissant travailleur, il fut vraiment le maître pendant neuf ans, grâce à la loi qui lui permit de cumuler les ministères. Contre la papauté, il réveilla les vieilles passions anticléricales ; contre les socialistes, il sévit avec une rude énergie. Et surtout, il fut le vrai créateur de l'impérialisme. N'osant rien entreprendre dans la Méditerranée, il lança l'Italie dans la voie des conquêtes coloniales. Il trouva cette politique déjà engagée par l'occupation d'Assab (1882) et de Massouah (1885). Il l'élargit et ne se proposa rien de moins que de conquérir l'Ethiopie, une des plus riches parties de l'Afrique. L'anarchie désolait ce pays ; contre le négus Johannès les Italiens avaient soutenu le ras Ménélik ; ils en obtinrent le traité d'Outchali (mai 1887) qu'ils interprétèrent comme un protectorat. Quand Ménélik fut devenu empereur, Crispi voulut tirer de ce traité toutes ses conséquences. Mais le négus était un politique et un chef de guerre ; il sut réunir tous les Ethiopiens contre l'étranger et infligea à l'armée de Baratieri l'échec d'Adoua (1896), Crispi tomba. L'Italie se contenta de la côte de l'Erytrée et de celle des Somalis, rétrocéda aux Anglais la forteresse de Kassala. La politique coloniale de la gauche avait abouti à l'impopularité.

Ainsi s'explique la décadence financière ; de 1887 à 1896, le déficit fut chronique et atteignit 235 millions pour l'exercice 1889-1890 ; près de 100 millions pour l'exercice 1893-1894. Aux dépenses nécessitées par la politique extérieure, la gauche ajoutait un gaspillage inconsidéré, sous prétexte d'outillage économique ou de grands travaux d'utilité publique. Des sommes énormes furent consacrées à l'embellissement de Rome, à l'assainissement de Naples, à la construction de tramways ou de chemins de fer d'intérêt électoral. La vie politique se passait en agitations stériles dans un pays où peu d'électeurs votent, les convoitises privées remplaçaient trop souvent le souci de la chose publique : on vit, sous le troisième ministère Crispi, un ministre accusé de péculat. Le malaise économique n'était pas moindre. Des banques firent faillite ; en 1894, une violente révolte éclata en Sicile. Les ouvriers se groupèrent et s'agitèrent ; des grèves sanglantes se produisirent dans le Nord de l'Italie. La propagande socialiste mettait de nouveaux problèmes à l'ordre du jour. Le 29 juillet 1900, un anarchiste assassinait le roi Humbert. L'Italie, dans cette période de son histoire, avait erré hors de sa voie nationale, comme se cherchant elle-même dans une inquiétude pleine d'agitations et d'aventures de tous genres.

L'Italie depuis 1900 jusqu'à la guerre de 1915.

Elle s'est retrouvée, progressivement. Cette période féconde correspond au règne de Victor-Emmanuel III : le nouveau souverain fut l'homme d'un nouveau temps et de nouvelles générations, qui ne s'hypnotisaient pas sur le passé glorieux de l'unité et regardaient les réalités présentes ou les possibilités d'avenir.

A l'Intérieur.

Les partis politiques, la droite conservatrice, la gauche libérale et radicale, les républicains, les socialistes, se reconnaissent et se groupent moins sur des questions politiques que sur des questions économiques et sociales, surtout sur le terrain des aspirations nationales. Le fait capital de cette époque est d'abord le développement économique de l'Italie, les progrès indéniables de son agriculture, la naissance de sa grande industrie. C'est de 1900 à 1911 que se créent la plupart des grandes coopératives agricoles, que se fondent la majorité des entreprises industrielles. Plus de la moitié des Sociétés par actions remontent à la période 1902-1906. L'accroissement du commerce terrestre et maritime se manifeste par la multiplication des voies ferrées, par l'augmentation du nombre et de la puissance des compagnies de navigation. Le percement du Simplon (1906) accéléra encore le mouvement et favorisa en particulier la prospérité de Milan et de la Lombardie. Aux années de déficit de la décade précédente succédèrent jusqu'en 1911 des années d'excédents budgétaires constants : 98 millions en 1902-1903 ; autant en 1906-1907. Le relèvement du crédit permit la conversion de la rente de 4 à 3,75 et 3, 50 °/₀ qu'effectuèrent les ministres Luzzatti et Majorana. Mais l'augmentation de la population industrielle renforçait l'influence des socialistes ; le gouvernement, après les mesures repressives de Pelloux, prit la voie des concessions et des réformes sociales.

L'Office du travail fut créé, ainsi qu'une Caisse nationale de prévoyance pour les invalides et les vieillards (juillet 1898). Près de 400.000 ouvriers y étaient inscrits en 1912. Le roi Victor-Emmanuel III, personnellement favorable à toutes les mesures susceptibles d'améliorer le sort de la classe ouvrière, institua l'ordre des chevaliers du Travail. Les coopératives de production se sont multipliées et nulle part peut-être elles ne sont plus nombreuses qu'en Italie. Le mouvement démocratique a été encore accéléré par la réforme électorale du 30 juin 1912, œuvre du ministère Giolitti, qui a remplacé le suffrage encore censitaire issu de la loi de 1882 par un suffrage à peu près universel. Ainsi se préparait l'Italie nouvelle que tant de gens ignoraient au moment où la guerre de Lybie et surtout la guerre de 1915 l'ont brusquement révélée.

La politique extérieure.

Même évolution silencieuse, mais décisive, dans la politique extérieure. Lorsque di Rudini eut liquidé tant bien que mal l'aventure éthiopienne, l'Italie se retrouva meurtrie et un peu humiliée ; elle comprenait trop que cette diversion, tout en lui procurant une colonie dont le développement a fait oublier depuis les fâcheux débuts, l'avait détournée de ses intérêts véritables et de son domaine propre, qui est la Méditerranée. Elle y revint peu à peu, et, par une sorte d'inéluctable fatalité, pour se rapprocher de la France, sans laquelle elle ne peut régler aucun des problèmes méditerranéens. L'intermédiaire qui facilita le raccommodement fut le roi d'Angleterre, Edouard VII. Sa visite à Rome (1903) fut suivie de celle de Victor-Emmanuel III à Londres, puis à Paris. En 1904, le président Loubet rendait à Rome sa visite au Roi. Dès lors, la réconciliation amorcée en 1898 par une convention commerciale, se changea en entente de plus en plus cordiale. L'Allemagne s'en inquiétait déjà ; sans doute, la Triplice avait été renouvelée en 1902 ; mais elle perdait de son prestige et de sa solidité. En vain le chancelier de Bülow affectait-il à l'égard de l'Italie d'indulgentes ironies, la laissant faire « un tour de valse avec la France ». L'évolution italienne était plus sérieuse qu'il ne voulait le dire. L'accord de 1904 réglait pour la première fois la question de l'équilibre de la Méditerranée au profit de la France, à qui le Maroc était abandonné, et de l'Italie qui faisait reconnaître ses prétentions sur la Lybie. En conséquence, dans la crise qui suivit le débarquement de Guillaume II à Tanger (1905), le gouvernement italien garda à l'égard de la France une attitude sympathique ; à la conférence d'Algésiras (1905-1906), Visconti-Venosta seconda constamment nos diplomates. La formule de la politique italienne était alors, selon les mots de Tittoni, la fidélité à la Triple Alliance, une amitié sincère pour l'Angleterre et la France, des rapports cordiaux avec toutes les autres puissances. Mais le moment approchait où cette formule allait devenir vaine, où l'existence même de la Triplice allait être mise en question.

La révolution jeune-turque de 1908 ouvrit la crise la plus grave qu'ait traversée l'Europe depuis 1815. Partout on crut prochaine la ruine de l'empire ottoman : le prince de Bulgarie se proclama tzar, la Russie réclama l'ouverture des Détroits, l'Autriche annexa la Bosnie et l'Herzégovine. Ce dernier événement touchait particulièrement l'Italie. Nul n'ignorait les visées autrichiennes sur l'Albanie et sur la route de Salonique. Or, il ne convenait pas aux intérêts italiens que l'Autriche dominât la mer Adriatique et qu'elle s'installât dans la Méditerranée orientale. Dès lors, la question était posée. Le roi d'Italie cherche à se rapprocher de l'Empereur de Russie, menacé lui aussi par la poussée du germanisme dans la péninsule des Balkans. L'entrevue de Racconigi (1909) amorça une entente. Il n'est pas douteux que l'Italie se prépare, en vue de la crise que sa diplomatie clairvoyante a prévue et qu'elle n'a nullement cherché à conjurer ; la loi du 30 juin 1910, en réduisant le service militaire à deux ans, réorganise l'armée et accroit sa force.

L'orage éclata en 1911 : l'anarchie était permanente en Turquie où le nouveau régime avait provoqué des révoltes à peu près partout, en Arabie, en Arménie, en Albanie ; l'occasion était excellente. D'autre part, après la démonstration de la canonnière allemande *Panther* à Agadir, la guerre avait failli éclater entre l'Allemagne et la France ; le conflit avait pourtant reçu une solution pacifique ; moyennant une part du Congo, la France obtenait le protectorat du Maroc. Le gouvernement italien crut le moment venu de « réaliser », lui aussi, la part promise par le pacte de 1904. Il y était vivement poussé par la presse et l'opinion ; partout on réclamait une politique nationale énergique, pour effacer les souvenirs de Custozza, de Lissa et d'Adoua.

Le fanatisme musulman mettant en danger la colonie italienne de Tripoli, le gouvernement italien adressa, le 28 septembre 1911, un ultimatum à la Porte, pour exposer l'obligation où il se trouvait d'occuper la Tripolitaine et la Cyrénaïque. La guerre fut déclarée le 29 septembre au milieu de l'enthousiasme universel, à peine mitigé par quelques protestations socialistes. Après un engagement naval près de Preveza, deux escadres protégèrent le débarquement de deux armées : l'une, avec Ameglio, en Cyrénaïque, occupa Tobrouk, Derna, Bengazi ; l'autre, avec Caneva, s'empara de Tripoli (5 octobre 1911) et soutint devant la ville deux rudes batailles (23-26 octobre). Mais après ces débuts brillants, commencèrent les vraies difficultés. La résistance des forces turques et arabes fut organisée par Enver-bey ; les Italiens furent contraints à une lutte pénible ; il fallut envoyer des renforts ; malgré tout, les incessantes attaques des Turco-Arabes rendaient précaire l'occupation de l'étroite bande littorale à laquelle l'armée italienne était réduite. Pour forcer la Turquie à la paix, la diplomatie travailla les Etats balkaniques, fort disposés à se liguer contre la Porte, tandis que la flotte italienne occupait dans l'Egée les îles du Dodécanèse (avril 1912) et opérait un raid hardi dans les Détroits (18-19 juillet). Le gouvernement ottoman, inquiet des préparatifs serbes, bulgares et grecs, traita à Lausanne (18 octobre 1912) ; il cédait la Tripolitaine et la Cyrénaïque à l'Italie. Elle y retrouvait les traces de la vieille civilisation romaine ; elle y réalisait la première partie de son programme national, du méditerranéisme.

La guerre balkanique.

Au même instant éclatait la guerre balkanique (octobre 1912). L'effondrement de la Turquie, en permettant aux Italiens de conserver provisoirement Rhodes et le Dodécanèse, eut cette conséquence, en apparence imprévue, en réalité logique, de mettre en présence les intérêts de l'Italie et ceux de l'Autriche. Les victoires des Serbes, l'occupation par leurs troupes de l'Albanie avaient alarmé l'opinion dans la péninsule : on y redoutait la formation d'un grand Etat slave qui posséderait la rive orientale de l'Adriatique ; mais le danger apparut bien plus redoutable, lorsque l'Autriche, après avoir, sous menace d'une guerre, obligé la Serbie à évacuer l'Albanie, fit de ce dernier pays un illusoire royaume, aux mains de l'Allemand Guillaume de Wied, commode paravent d'un protectorat austro-hongrois (mai 1913). Dès lors, le gouvernement italien, sans prendre position ouvertement, travailla à supprimer ce dangereux voisinage ; il eut un auxiliaire précieux dans ce singulier Essad-pacha, qui s'imposa au prince de Wied et le mit en tutelle, jusqu'au moment où ce souverain sans sujets, sans budget et sans territoire fut obligé de quitter Durazzo, à la veille de la guerre européenne.

A ce moment la Triple Alliance n'avait plus de sens, malgré le renouvellement de 1912. Le conflit latent de l'Italie et de l'Autriche se précisait, entrait dans une phase aiguë et décisive. Ce conflit a ses sources à la fois dans les intérêts nationaux de l'Italie et dans ses ambitions d'avenir. La frontière tracée par les guerres incomplètes ou malheureuses de 1859 et de 1866 avait laissé en dehors du royaume la haute vallée de l'Adige et de la Brenta, ainsi que l'Istrie et la côte Dalmate. Ces pays sont habités par une population en majorité italienne : à Trente, à Trieste, on ne parle presque que l'italien : c'est la civilisation italienne qui a marqué les terres irrédentes de sa forte empreinte ; elles manquent à l'unité nationale comme Venise lui manquait avant 1866. Or, une propagande incessante, à peine désavouée par le monde officiel, aux temps où florissait la Triplice, entretenait parmi les sujets italiens de l'Autriche l'espoir d'être un jour réunis à leurs frères de race. Cet espoir était accru par la politique provocante et maladroite de l'Autriche, par la persécution que subissaient les patriotes, par des mesures iniques comme l'ordonnance de Hohenlohe (août 1913), qui révoquait les employés italiens de la municipalité de Trieste ; par les précautions que, depuis plus de dix ans, l'état-major austro-hongrois ne cessait de prendre à ses frontières, en dépit de l'alliance ; par les faveurs affichées que l'Autriche prodiguait aux Slaves, dans le but évident de se servir d'eux pour diminuer l'influence de l'élément italien.

D'autre part, les projets ambitieux du chancelier d'Autriche, d'Ærenthal, repris après sa mort par le comte Berchtold, mettaient en grave péril la sécurité de la monarchie italienne et son développement futur. L'annexion de la Bosnie-Herzégovine, la mainmise sur l'Albanie, n'étaient que les deux premiers articles d'un vaste programme de conquêtes, directes ou indirectes, destinées à mettre sous la coupe de l'Autriche la péninsule des Balkans, à lui livrer du même coup la maîtrise absolue de l'Adriatique et la route de l'Égée. Avant même que la crise de 1912 n'eût posé la question, l'Italie avait cherché, dans le cadre de l'alliance, à s'assurer contre de pareilles éventualités. Ainsi se dessinait nettement la rivalité du Germanisme, dont l'Autriche n'est que l'avant-garde, et du latinisme, dont l'Italie est une des incarnations. Les deux races se disputent, non seulement l' « *amarissimo Adriatico* » mais encore la grande mer bleue, carrefour des routes de commerce, aujourd'hui comme dans l'antiquité. Devant ce danger menaçant, l'Italie oublia ses défiances contre les Serbes ; en 1913, l'Autriche lui proposait de les écraser ; elle se refusa à collaborer à ce honteux coup de force, qui l'aurait inévitablement atteinte elle-même. Lorsqu'éclata la guerre de 1914, on peut dire que la Triple Alliance était morte, et que ses alliés étaient décidément devenus des ennemis.

Dans ces conditions, la voie de l'Italie était toute tracée ; le gouvernement ne l'eût-il pas vue que l'instinct infaillible de l'opinion publique la lui eût désignée, aux derniers jours de juillet 1914. Dès le 3 août, quoique l'Autriche eût invoqué le *Casus fœderis*, le ministère italien notifiait à l'Europe sa neutralité, rendant ainsi à la France un inappréciable service ; mais l'Italie ne pouvait, ne devait pas en rester là. Pour que la neutralité même ne fut pas de la simple passivité, il fallait refaire l'armée désorganisée par la campagne de Lybie, travailler à l'approvisionner en armes et en munitions, la préparer à toutes éventualités. Tandis que le ministère Salandra entreprenait cette besogne silencieuse, l'Italie devint une lice où s'affrontèrent de plus en plus passionnément les partisans de la neutralité et ceux de l'intervention aux côtés des alliés.

Les premiers se recrutaient dans la droite et dans la gauche, parmi les catholiques et les socialistes du Parlement ; ils s'appuyaient sur la masse des paysans et des ouvriers et sur quelques éléments de l'aristocratie et de la haute bourgeoisie. Les seconds comprenaient une grande partie des libéraux, les radicaux et les républicains, les socialistes réformistes et quelques convertis comme Mussolini, expulsé de l'*Avanti* et fondateur du *Popolo d'Italia* ; ils trouvaient leurs partisans dans l'armée, parmi les fonctionnaires, les instituteurs, les professeurs, la meilleure partie des journalistes. Les neutralistes arguaient que l'Allemagne était formidable, faisaient jouer la crainte des maux qui accompagnent la guerre, celle du péril serbe dans l'Adriatique, vantaient les avantages d'une politique qui pouvait, sans péril, obtenir des empires centraux des agrandissements territoriaux. Les interventionnistes réclamaient la guerre pour achever l'unité par la conquête de Trente et de Trieste, pour acquérir une frontière plus sûre, pour que l'Italie pût dire son mot au jour du règlement, devenir une grande nation et se réaliser complètement elle-même : *maintenant ou jamais*, tel était leur cri. De leur côté étaient les enthousiasmes enflammés qui soulevaient les foules aux ardentes harangues du député de Trieste, Battisti, aux conférences de Guglielmo Ferrero, le grand historien, et surtout aux admirables inspirations du poète d'Annunzio. Le gouvernement sentit le vent ; le 5 décembre 1914, M. Salandra prononçait devant la Chambre attentive un discours significatif et faisait occuper Vallona.

L'Allemagne vit le danger ; elle négocia. Son envoyé extraordinaire, le prince de Bülow (19 décembre 1914) ménagea des conversations entre Vienne et Rome ; l'Autriche n'acceptait qu'avec répugnance l'idée de cessions territoriales ; elle ne s'y décida qu'en mars 1915 ; elles les offrit insuffisantes, à réaliser seulement à la fin de la guerre. Le ministre des Affaires Etrangères, Sonnino, les voulait immédiates ; il fixa le 8 avril les désirs minima de l'Italie, Trente et le Tyrol italien, la ligne de l'Isonzo, quelques îles dalmates, Vallona, la renonciation de l'Autriche à l'Albanie, l'indépendance de Trieste. Au refus opposé, il comprit que l'Autriche ne désirait pas sincèrement une entente. Alors, le 3 mai, il dénonça la Triplice. C'était la guerre, semblait-il. Elle fut pourtant reculée de quelques jours par l'intervention de M. Giolitti, qui offrit de reprendre les négociations et d'obtenir mieux du prince de Bülow. Le gouvernement italien hésita : le 13 mai, Salandra démissionnait. Mais déjà la cause était jugée dans l'opinion qu'un formidable mouvement souleva à l'idée de maquignonner l'idéal national. Depuis les fêtes de Quarto (5 mai), pour l'érection d'un monument aux Mille, jusqu'au 16 mai, et surtout du 13 au 16, ce furent vraiment des journées d'émeute grondantes, au cri de « Guerre ou Révolution ». Le roi céda : Salandra, le 16 mai, reconstituait le ministère ; le 22, l'armée était mobilisée : le 23, la guerre déclarée.

II

L'Italie d'aujourd'hui

L'Italie est ainsi arrivée à une crise décisive de son histoire. La guerre de 1915 achève les transformations préparées depuis quelques années ; elle en sortira moralement et matériellement grandie, prête pour un grand rôle dans le monde. Elle constituera désormais un élément important de la future société des nations. Il importe de la bien connaître. Nous, Français, en particulier, nous ne devons rien ignorer d'elle.

Le Gouvernement et le Parlement.

L'Italie est une royauté constitutionnelle en théorie ; pratiquement le roi actuel, par son respect des volontés de la majorité des Chambres, en a fait une royauté parlementaire comme en Angleterre.

Victor-Emmanuel III, né le 11 novembre 1869, est particulièrement populaire ; son intelligente application à ses devoirs de souverain, en même temps que le soin qu'il apporte à ne pas sortir des limites de ses prérogatives, lui ont concilié l'affection des classes dirigeantes ; sa bonhomie, sa facilité d'accès, ses vertus privées, surtout son mariage avec la princesse Hélène de Monténégro, belle, bonne et charitable, en ont fait un vrai roi démocratique, aimé des humbles. Au moment de la terrible catastrophe de Messine (1908), le couple royal s'est prodigué pour soulager et consoler les misères. Depuis la guerre, le roi est le plus souvent à l'armée, vivant de la vie de ses soldats, les visitant fréquemment en première ligne, partageant souvent leurs dangers et leurs dures privations. De son mariage sont issus plusieurs enfants ; Umberto, prince de Piémont, né le 15 septembre 1904, les princesses Yolande (1901), Mafalda (1902), Giovanna (1907). La famille royale comprend ses cousins germains, issus d'Amédée, duc d'Aoste, qui fut un moment roi d'Espagne : ce sont Emmanuel-Philibert de Savoie, duc d'Aoste, qui a fait toute sa carrière dans l'armée italienne ; c'est le vainqueur de Gorizia ; il a épousé la princesse Hélène d'Orléans dont il a deux fils ; Vittorio, comte de Turin, qui commande sur le front un corps de cavalerie, et qui s'est distingué dans la retraite récente ; Humbert, comte de Salerne, et Luigi, duc des Abruzzes, un marin dont les explorations africaines et polaires ont une grande valeur géographique.

La représentation nationale comprend le Sénat ; le nombre de ses membres n'est pas limité ; en fait, il ne dépasse pas 400 ; les Sénateurs sont nommés à vie par le roi. Ce corps a des attributions législatives, et aussi une sorte de prestige honorifique ; il a moins d'importance politique qu'en France. La Chambre des Députés, qui siège au Palais de Montecitorio compte 508 membres élus pour cinq ans. Tout Italien est électeur à 30 ans ; mais il peut voter à 21 ans s'il sait lire et écrire et s'il paie 19 lires 50 d'impôts directs. Le suffrage est donc presque universel ; il y a près de 9 millions d'électeurs, presque 70 %. de la population masculine. Mais la proportion des abstentionnistes est toujours considérable ; en 1909, elle était de 35 %. ; avec les progrès de l'instruction elle tend à diminuer. Les ministres sont en pratique presque toujours choisis parmi les sénateurs et les députés ; leur nombre, analogue à celui des ministres français (il y a pourtant deux ministres des Finances : Finances et Trésor) a beaucoup augmenté depuis la guerre. Le ministère est responsable devant la Chambre qui est vraiment le centre de la vie politique du pays.

Les Partis et les hommes politiques.

Déjà bien avant la guerre, les vieux partis de 1860, la droite, la gauche et les républicains s'étaient fragmentés et accrus par l'adjonction des socialistes. La guerre n'a fait qu'accentuer l'émiettement, en modifiant les groupes et en changeant souvent les programmes et les tendances. Non seulement les noms d'aujourd'hui ne représentent parfois que des souvenirs historiques, mais encore les amitiés personnelles continuent à jouer un rôle marqué dans les groupements parlementaires. Enfin l'union sacrée a achevé de confondre le classement et de le rendre souvent illusoire. On peut distinguer pourtant quatre masses principales comportant de nombreuses masses de détail : la droite (25 à 30 députés), le centre (350 députés environ), la gauche et l'extrême gauche (70 à 75 députés) et les socialistes officiels (40 députés environ).

La droite comprend d'abord les catholiques, peu nombreux, mais très influents : leur chef, M. Meda, ministre des Finances dans le cabinet Orlando, s'est rallié franchement depuis la guerre à la doctrine interventionniste ; en général ils ont été assez tièdes à cet égard. A côté des catholiques, les nationalistes (une dizaine) dont les plus marquants sont M. Federzoni (Rome) et le comte Foscari (Venise) ; ils sont conservateurs et partisans de la plus grande Italie ; cette dernière idée a même rallié parfois quelques-uns d'entre eux, comme MM. Gallenga et Bevione, appartenant plutôt aux groupes de la gauche.

Le centre compte une masse considérable d'hommes sans doctrine politique très nette, mais libéraux, dont les uns, comme le groupe Salandra-Grippo-Maury, penchent vers la droite et forment à vrai dire une droite libérale à laquelle se rattacherait plutôt aussi M. Sonnino l'une des plus grandes figures politiques italiennes, dont les autres penchent vers la gauche, comme le groupe Orlando-Nitti-Torre, dont une troisième fraction constitue la phalange des amis de M. Giolitti ; un quatrième enfin, à l'extrémité du centre, forme la gauche démocratique proche des radicaux ; le chef en est l'ancien ministre des Colonies, Ferdinando Martini.

La gauche et l'extrême gauche sont de composition aussi complexe : on y distingue d'abord les radicaux, démocrates, anticléricaux, quelques-uns plutôt nationalistes comme M. Ruini, quelques-uns représentant le vieux libéralisme à l'anglaise, comme le marquis de Viti ; d'autres enfin recrutés parmi d'anciens éléments giolittiens. Puis viennent les républicains, une dizaine, parti populaire (surtout en Romagne et dans les Marchés) et dont les membres les plus connus sont MM. Barzilaï, Comandini et Chiesa ; leur action n'est d'ailleurs plus antidynastique. En troisième lieu, les

socialistes réformistes et indépendants, détachés de l'unité
socialiste, patriotes et partisans de la guerre : leur programme est celui des réformes démocratiques et socialistes :
les plus marquants sont les ministres Bissolati et Derenini ;
MM. Labriola et Ettore Ciccotti (Naples) et Mussolini, qui
n'appartient pas à la Chambre.

Le parti des socialistes officiels, assez séparé du reste de
la Chambre, n'est pas non plus entièrement homogène : en
général ils sont pacifistes et internationalistes, quelques-
uns à l'extrême comme Lazzari et surtout Serrati, directeur
de l'*Avanti* qui ne fait pas partie de la Chambre mais les
chefs, Turati, Trèves, paraissent de plus en plus tendre
vers une attitude nationale. Il en est de même des grandes
municipalités socialistes, surtout Milan et Bologne.

La grande presse.

Les grands journaux ne sont pas comme en France con-
centrés dans la capitale ou peu s'en faut. Chacune des
grandes villes, Turin, Milan, Rome, Bologne, Naples en
possède d'importants, qui font autorité dans toute la péninsule et représentent à l'étranger l'opinion italienne. Beaucoup
de ces journaux sont de véritables puissances, et sont diri-
gés par des hommes politiques d'une manière plus ou moins
occulte. Beaucoup sont supérieurement rédigés et peuvent
soutenir la comparaison avec les grands organes français
comme le *Temps* et les *Débats* ou anglais comme le *Times*.
On peut les classer suivant les partis, bien que cette clas-
sification soit plus artificielle encore que celle des hommes
politiques.

Les organes les plus importants paraissent à Turin, à
Milan et à Rome. La presse turinoise est représentée par
la Stampa (dir. sénateur Frassati), journal très bien informé,
libéral et giolittien et la *Gazzetta del Popolo* (rédac.
en chef M. Bevione), démocrate et très favorable à la guerre.
A Milan paraissent des journaux considérables, de fort
tirage et de grande autorité : au premier rang le *Corriere
della Sera* (dir. M. Albertini), libéral, qui mène une campagne active pour la répression des menées défaitistes et
la conduite énergique de la guerre, répandu comme le *Petit*

Parisien ou *le Petit Journal*, solide comme le *Temps* ; puis le *Secolo*, important journal radical (directeur M. Pontremoli où ont paru des articles de l'historien Guglielmo Ferrero ; la *Perseveranza*, dont la clientèle est constituée par la riche bourgeoisie ; l'*Avanti*, dirigé par Serrati, organe des socialistes officiels, pacifiste. A Rome, on compte *le Messaggero*, journal radical de la nuance du *Secolo*, avec qui il a des correspondants communs, et où écrivent nombre de parlementaires de gauche ; le *Giornale d'Italie*, modéré et libéral, qui passe pour recevoir les inspirations de M. Sonnino ; la libérale *Tribuna*, l'*Idea Nazionale*, de couleur nationaliste, le *Popolo d'Italia*, dirigé par Mussolini, organe socialiste assez analogue à la *Victoire*, de G. Hervé. Tous ces journaux sont favorables à la guerre et à l'Entente. Seul le *Popolo Romano* lui était peu favorable avant les événements actuels.

La presse de Bologne et de Naples est moins importante ; il faut citer le *Resto del Carlino* de Bologne, vieux journal que la guerre a développé sans tendance politique nette, à fort tirage, et le *Mattino* de Naples, assez important, de nuance libérale, mais peu sympathique à la guerre. Les grands journaux catholiques sont édités par un trust qui en groupe cinq, parmi lesquels le *Momento* de Turin, l'*Italia* de Milan, le *Corriere d'Italia* de Rome ; réservés sur la question de l'intervention, mais patriotes. Il faut mettre à part l'*Osservatore romano* qui est l'organe officieux du Vatican.

L'Organisation administrative, l'armée, la marine.

L'Italie est divisée en 15 provinces qui comprennent 69 *compartimenti* gouvernés par un préfet qu'assiste un conseil provincial dont les membres sont partie nommés, partie électifs ; il y a 8.545 communes ayant à leur tête un syndic nommé par le roi et un conseil municipal électif.

Tandis que les *compartimenti*, comme les départements en France, sont de simples cadres administratifs, les provinces sont de véritables divisions ethniques, linguistiques et historiques. Esprit des populations, type parfois, dialecte différent du Piémont à la Vénétie, de la Ligurie à la Toscane, du Latium aux Abruzzes, et de Naples à la Sicile. Il est peu de pays où le régionalisme soit plus accusé.

L'instruction primaire est assurée par les écoles primaires et asiles ; l'instruction secondaire, par des gymnases et lycées ; l'instruction supérieure par 21 universités, dont les plus fréquentées sont celles de Naples, Turin, Rome, Bologne, Padoue et Gênes. Les progrès de l'instruction sont remarquables. En 1871, il y avait 73 °/. d'illettrés ; en 1905, la proportion s'était abaissée à 27 °/.. A l'heure actuelle, elle est inférieure à 20 °/..

La puissance de l'Italie s'appuie aujourd'hui sur une forte armée et sur une belle marine.

L'armée est recrutée d'après un système analogue au système allemand. On sert de 21 à 40 ans : 2 ans dans l'active, 7 ans dans la réserve, 4 ans dans la milice mobile, 6 ans dans la milice territoriale. Mais on versait avant la guerre dans la milice beaucoup de jeunes gens qui constituaient ainsi une sorte de réserve analogue à l'ersatz allemand. L'effectif sur pied de paix était en 1912 de 304.000 hommes et de 64.000 chevaux ; sur pied de guerre, de 3.400.000 combattants. Il y avait 12 corps d'armée à 2 divisions, auxquels on ajoutait les Alpins (22 bataillons, 15 batteries) et la cavalerie indépendante. Le nombre de ces corps a plus que doublé depuis la guerre ; la composition en a été grandement modifiée. L'armée italienne est composée d'excellents éléments, surtout les Piémontais, les Calabrais et les Siciliens ; elle est bien équipée ; avant 1914, elle possédait déjà un matériel perfectionné, surtout de nombreuses mitrailleuses et une excellente artillerie, de système français (le canon Deport). Les officiers sont instruits et l'Etat-major savant. Les figures les plus populaires de l'Etat-major italien, en dehors de Cadorna, sont celles des généraux Diaz, aujourd'hui généralissime, Porro, ancien sous-chef de l'Etat-major général, Peccori Giraldi et di Giorgio. Officiers et soldats ont donné depuis 1915 des preuves multiples de courage, d'endurance, d'ingéniosité dans une guerre particulièrement ardue, au milieu de montagnes d'accès difficile, où chaque mouvement en avant nécessitait de minutieuses opérations et des transports de matériel d'une extrême difficulté.

La marine italienne fut la première à employer les cuirassés de gros tonnage ; elle occupe le sixième rang dans le monde, après les marines anglaise, allemande, française, japonaise et américaine ; à la veille de la guerre, elle comptait un tonnage total de 577.000 tonnes avec six gros navires pourvus d'une puissante artillerie, auxquels s'ajoutaient cinq dreadnoughts de 21.000 tonnes en construction, type *Giulio Cæsare*, aujourd'hui en grande partie achevés. Les marins italiens ont fait leurs preuves dans cette rude campagne de surveillance, d'embûches sournoises qu'est la guerre en Méditerranée et dans l'Adriatique, en face d'une côte ennemie admirablement pourvue d'abris et de repaires, et où ils ne trouvaient de base d'opération commode qu'au sud, à Tarente : les ports sont Venise, Naples et la Spezia.

L'état économique.

L'Italie est en passe de devenir une puissance économique. Pareille évolution eut paru irréalisable à la fin du XIXᵉ siècle. Vers 1898, le bilan agricole, industriel et commercial n'était guère encourageant : être pauvre ou ne pas être, telle semblait être la destinée de l'Italie. Et pourtant, depuis lors, un prodigieux réveil s'est produit, de nature à autoriser de vastes espérances ; la guerre n'a pas interrompu les progrès matériels ; à bien des égards, elle les a accélérés, en doublant la volonté et l'énergie créatrices.

L'Agriculture.

En dépit des apparences, les conditions de l'agriculture en Italie sont assez défavorables. Les montagnes ou les plateaux rocheux y occupent une surface considérable ; les terres improductives constituent un bon tiers du pays ; à part la plaine du Pô, on ne trouve dans la péninsule que de petites plaines, très fertiles sans doute, mais d'une superficie restreinte. Le soleil, qui donne tant de charme aux paysages italiens est en bien des cas ennemi de l'agriculture. D'autre part, surtout dans le centre et le sud, l'eau est rare et difficile à se procurer. De tout temps, propriétaires et fermiers se sont plaints du rendement peu rémunérateur de leurs terres. La pénurie de capitaux a enfin longtemps retardé les mises en valeur ou les améliorations. Et pourtant, l'agriculture est pour l'Italie une ressource capitale ; 59 % de la population totale sont occupés aux travaux des champs. En outre, l'augmentation rapide de la population rendait indispensable une intensification et une transformation de la culture du sol.

Le progrès s'est d'abord marqué par l'augmentation de la surface cultivée et productive, chose qu'on n'eut pas cru possible dans un pays de vieille civilisation. Depuis la création du royaume, deux millions d'hectares ont été gagnés, au dépens des marais, landes, friches et même bois et pâtures. De 1899 à 1910, on a conquis plus de 160.000 hectares de lagunes dans les provinces de Ferrare et de Mantoue. La surface cultivée en blé s'est accrue de 5,3 % jusqu'en 1910. La surface cultivée en vignes, fruitiers et oliviers a triplé. Si l'on constate depuis 1910 une légère diminution des terres arables, souvent au profit des fabriques (plus de 200.000 hect.) ou des chemins de fer, par contre 500.000 hectares de plus sont consacrés à la culture de l'olivier.

Le perfectionnement des procédés n'est pas moins remarquable. Aux méthodes routinières a succédé l'utilisation rationnelle des engrais chimiques et l'emploi des machines. Tandis que l'importation des engrais chimiques était entre 1871 et 1875 de 195.307 quintaux, elle était, dans la période de 1906-1910, de 7.052.434 quintaux, et pour la seule année 1913, de 2.900.000 quintaux. La production interne de ces mêmes engrais était en 1914 de 9.600.000 quintaux ; en 1870, elle était peu importante. L'usage des superphosphates et des nitrates de soude a permis d'amender quantité de terres médiocres, surtout en Sicile, et d'y faire venir des prairies artificielles. Quant aux machines agricoles, l'Italie en importait en 1888 pour une valeur d'à peu près un million de lires ; en 1910, pour une valeur de 15.100.000 lires. La production nationale, partie de rien, s'est accrue dans des proportions encore plus extraordinaires. Ce sont là des indices indirects, mais très significatifs des progrès de l'agriculture.

L'Etat a encouragé ces progrès de différentes manières. Tout d'abord il a développé l'enseignement agricole, à l'exemple de l'Allemagne. En 1874, il y avait une école supérieure d'agriculture. En 1912, il y en avait trois. En 1874, il y avait quatre écoles spéciales (viticulture, pomologie, etc...) et autres ; en 1912 il y en avait 41. Le chiffre des élèves était passé de 80 à 1.933. De même le nombre des stations agraires expérimentales (ou fermes d'essai) est passé de 8 (1871) à 11 (1912). Les méthodes d'enseignement se sont perfectionnées ; elles sont adaptées au milieu et aux intérêts économiques italiens. Avec le développement des écoles, les crédits du ministère de l'Agriculture se sont accrus, bien qu'on les juge encore misérables, par rapport au rôle que cet organisme devrait jouer dans l'économie nationale, et très inférieurs au chiffre qu'ils atteignent par exemple en France. Ils sont passés de 2 millions environ (1871) à près de 15 millions (1912) ;

D'autre part, l'Etat a entrepris ou encouragé de grands travaux destinés à améliorer et à accroître le rendement de la terre. Si le reboisement a été lent, par contre les entreprises d'adduction d'eau ou d'irrigation ont pris une importance de plus en plus considérable. Pendant longtemps, les inerties officielles en cette matière ont suscité les avertissements des économistes ; ceux-ci réclamaient une « politique hydraulique », si indispensable dans un pays où « l'homme et l'eau » sont les deux éléments nécessaires de tout développement agricole. Mais depuis quelques années des efforts méthodiques et constants ont été faits. En 1907 était inauguré l'aqueduc gigantesque de la Pouille, qui, captant les eaux de l'Apennin, les distribue à plus de 400 centres habités. Les concessions accordées pour améliorations et irrigations se multiplient ; en 1910-1911, il y en a 56 pour 642 hectares ; en 1914-1915, il y en avait 66 pour 53.376 hectares irrigués : l'irrigation a permis de rapides progrès, surtout en Lombardie, Emilie, Vénétie et Piémont et dans le midi, dans les Abruzzes, la Pouille et la Sicile. Beaucoup de régions ont été transformées, partie par l'eau, partie par l'usage judicieux des procédés de culture moderne ; telles sont au premier plan la Pouille, la Calabre, jadis si improductives, la Campanie, la plaine de Catane, la *concha d'Oro* de Palerme qui retrouvent la prodigieuse fécondité de jadis.

La pauvreté du paysan, le manque de capitaux constituent un obstacle sérieux au développement de l'agriculture : l'Etat a d'abord allégé les charges qui pèsent sur la terre et qui étaient en Italie quintuples de ce qu'elles sont en France : en nul pays les expropriations pour non paiement d'impôts n'étaient si fréquentes, particulièrement en Sardaigne et en Sicile. Des lois nombreuses votées surtout en faveur du Midi (1904-1906) ont dégrevé de 30 % les propriétés d'un revenu inférieur à 6.000 lires, réservant la portion d'impôt levé sur le surplus du revenu à la fondation d'un crédit agricole. C'est là en effet la plus belle œuvre du gouvernement italien : la grande enquête de 1895 avait démontré la nécessité de fournir des capitaux aux propriétaires ; or, il n'existait en 1900 que quatre ou cinq crédits, dont la Caisse Lombarde et le Crédit Foncier du Sud. De 1900 à 1910, des caisses de crédit agricole ont été fondées pour le Latium, les Abruzzes, la Campanie, la Pouille, la Basilicate, la Calabre, la Sicile, la Sardaigne, soutenues par la Banque de Naples et la Banque de Sicile. Les avances de ces diverses caisses ont été de près de 20 millions de lires, et celles des deux banques de plus de 80 millions.

Dans le même ordre d'idées, l'Etat a encouragé la multiplication des coopératives agricoles. Dans un pays où la propriété est divisée, où la question de l'eau domine tout, où l'achat en commun des engrais et des machines présente des avantages si évidents, l'association était une solution pratique tout indiquée. Il n'en est pas où le mouvement coopératif ait eu une telle ampleur dans le domaine agricole spécialement. En 1910, il existait 925 coopératives de tout genre : agraires, viticoles, laitières et fromagères, cultures spéciales, surtout agrumes ; en 1915, il y en avait 1.142. La population est passée de 161.115 à près de 200.000, le capital, de 15 millions et demi à près de 22 millions. Le mouvement d'affaires dépassait en 1915, 200 millions. Les plus anciennes datent de 1898 ; c'est en 1902 et 1908 que la plupart se sont formées. Les progrès ont été surtout accusés en Lombardie, en Sicile, en Pouille, en Sardaigne, dans les Abruzzes, en Calabre. Ce sont là des initiatives collectives fécondes et qui non seulement contribuent à améliorer la production agricole, mais encore peuvent avoir des conséquences morales et politiques fort notables.

Le résultat des efforts individuels unis à ceux des coopératives et de l'Etat a été l'accroissement de la production agricole et l'amélioration du sort des propriétaires et des paysans. Le blé et le maïs constituent toujours les bases de l'alimentation italienne. On les cultive, surtout le premier, en Emilie, Sicile, Lombardie, Vénétie, Piémont; le second, en Lombardie, Vénétie, Piémont et Campanie. La production du blé est passée de 50.900.000 hectolitres (1874) à 67.800.000 (1911). La récolte de 1913 a été supérieure, celle de 1914 et 1915 inférieures au chiffre de 1911. La moyenne de la production à l'hectare est de 13 hectolitres, moyenne très inférieure à celle de la France et surtout de l'Allemagne et de l'Angleterre (18, 20 et 29). La production du maïs est passée de 17 millions d'hectolitres (1864) à près de 24 millions (1911) et 31 millions (1915). Mais ce qui frappe le plus sans contredit, ce sont les progrès énormes de la production du riz, du vin et des agrumes. Le riz, cultivé en Lombardie et au Piémont est passé de 1.433.000 hectolitres (1864) à 4.702.000 (1911) et 5.606.000 (1915). La récolte du vin était en 1864 de 24 millions d'hectolitres ; elle était en 1911 de 42 millions, en 1913, de 52 millions. En dépit de la substitution de la vigne à l'olivier en beaucoup d'endroits, notamment en Pouille, la production de l'huile s'est maintenue à un million et demi d'hectolitres. Par contre, celle des agrumes manifeste une prodigieuse croissance; de 2 millions de quintaux en 1874, elle bondit à 7 millions et demi en 1910, et 9 millions en 1913. Actuellement la culture des orangers et des citronniers fait la grande richesse de la Sicile, de la Campanie, de la Calabre et de la Pouille. L'Italie a créé chez elle la culture de la betterave, qui occupait 75 hectares en 1878, avec une récolte de 2.000 kilogrammes, qui occupait en 1911 50.000 hectares avec un rendement 17.000.000 kilogrammes. La progression de la production du chanvre, pour être moins extraordinaire, n'en est pas moins remarquable: l'Italie est aujourd'hui le second pays producteur de ce textile, avec une récolte de 170.000 tonnes de chanvre en filasse.

L'exportation des produits agricoles traduit ces progrès remarquables : celle du vin a sextuplé de 1861 à 1911, celle

des agrumes sextuplé, celle du chanvre et du lin quintuplé; ce sont là trois articles essentiels du commerce extérieur de l'Italie. L'augmentation, pour la pâte de blé, est de
5.000 °/₀, pour la farine de 10.000 °/₀, pour les fruits de
400 °/₀ pour les légumes de 200 °/₀. Quant à l'élevage, bien
que l'Italie soit nettement inférieure à la Suisse et à la
France, l'accroissement du troupeau n'en demeure pas
moins significatif; 46 °/₀ pour les chevaux, 78 °/₀ pour les
bœufs, 60 °/₀ pour les moutons, de 1860 à 1911. La fabrication des fromages accuse, pour la même période, un progrès de 500 °/₀ qui va jusqu'à 750 °/₀ pour la région parme-
sane : l'exportation en a décuplé, ainsi que celle des œufs
frais. De toutes ces statistiques découle une conclusion fort
optimiste où l'on ne peut que constater le développement
étonnant de l'agriculture italienne.

Les chiffres de la production et de l'exportation sont con-
firmés par l'amélioration générale de la condition des classes
rurales. La valeur totale de la production a augmenté entre
1860 et 1912 de plus de 600 millions de lires : la terre
rendait 108 lires à l'hectare en 1864, 150 en 1885, 250 en
1912. Sans doute, c'est beaucoup moins qu'en France (de
300 à 370 francs); il n'en reste pas moins un progrès de
100 °/₀. Les propriétaires s'endettent moins ; les créances
hypothécaires ont diminué de 25 °/₀ de 1888 à 1901, et dans
une proportion supérieure de 1901 à 1914. La condition
des travailleurs s'est améliorée; les salaires augmentent;
la consommation s'accroît; la situation de l'épargne témoigne, pour une bonne part, de la prospérité de l'agriculture; les dépôts ont passé de 250 millions à 7 milliards :
accroissement triple de celui de l'épargne française. La
grande enquête de 1912 sur la condition du paysan du midi
et de la Sicile a révélé un progrès général. L'impression
unanime est celle d'un grand pays agricole qui exploite des
ressources très diverses, avec une activité de plus en plus
intelligente, et qui se spécialise de mieux en mieux dans
les cultures appropriées au marché intérieur et au marché
européen.

L'Industrie.

Il semblait impossible que l'Italie pût devenir une puissance industrielle ; il lui manquait à peu près tout l'indispensable. Pas de houille ; elle en produisit en 1872 107.000 tonnes ; dans les années 1902 à 1906 près de 400.000 tonnes ; en 1911, 500.000 tonnes, quantité infinitésimale auprès des 38 millions de la France, des 230 millions de l'Allemagne, des 280 millions de l'Angleterre, des 450 millions des États-Unis. La lignite, qui ne saurait remplacer le charbon, n'accusait en 1911 qu'une extraction d'environ 600.000 tonnes. Au reste les progrès du rendement des mines étaient insignifiants. L'Italie devait acheter tout son charbon à l'Angleterre. Pas de pétrole ; peu de fer, bien que le minerai de l'île d'Elbe, de Sardaigne, de Voltri soit, surtout le premier, de très bonne qualité. L'extraction montait, en 1872, à 200.000 tonnes environ ; en 1902-1906, à 325.000 tonnes ; en 1908-1912, à 500.000 tonnes (Angleterre, 15 millions ; France, 18 millions ; Allemagne, 24 millions ; Etats-Unis, 50 millions). Un peu de cuivre, 68.000 tonnes en 1911 (Espagne, 3 millions et demi). Des mines de zinc assez riches en Sardaigne (140.000 tonnes en 1911). L'Italie ne possédait en abondance que du soufre, en Sicile et en Toscane ; elle l'exportait brut ou raffiné surtout aux Etats-Unis, au moins jusqu'en 1902. A peu près dépourvue de combustible et de fer, l'Italie manquait également des capitaux indispensables à la création des grandes entreprises de fabrication modernes.

Et pourtant, il y avait en Italie les éléments d'une puissance industrielle : d'abord, les traditions ; au moyen âge les Italiens furent des métallurgistes et des tisserands remarquables ; d'autre part l'abondance de la main-d'œuvre, grâce à une population qui s'accroît chaque année considérablement, la moyenne de l'excédent des naissances étant d'environ 400.000 ; le bon marché de cette même main-d'œuvre, l'Italien vivant sobrement et se contentant de peu ; la qualité de l'ouvrier, travailleur, endurant et adroit. En troisième lieu, l'intelligence et l'ingéniosité de la race qui a fourni de tous temps des savants et des praticiens, des inventeurs, des constructeurs audacieux, depuis les

Etrusques qui édifièrent les premiers égoûts et les premiers
aqueducs, jusqu'à Marconi qui a trouvé la télégraphie sans
fil, en passant par Léonard de Vinci qui posa les principes
de l aviation et fit les plans de dessèchement de la Sologne.
Enfin, surtout des forces naturelles longtemps méconnues,
la chaleur souterraine, par-dessus tout l'eau des torrents
des Alpes ou de l'Apennin, inutiles pour la navigation mais
admirables pour la production de la force hydraulique ou
hydro-électrique, surtout depuis que l'électricité a remplacé
la vapeur dans nombre d'usages : « Nous avons plus de
force dans nos torrents des Alpes, disait déjà Cavour, que
l'Angleterre dans ses mines de charbon. »

Les efforts pour tirer parti de ces éléments sont tout ré-
cents. Ils ne remontent guère au delà de 1898 ; c'est entre
1902 et 1910 que s'est vraiment organisée la grande industrie. Lorsque la guerre a éclaté, les progrès étaient déjà
considérables. Le nombre des Sociétés par actions était en
1882 de 170, en 1903, de 494, avec une augmentation de
350 °/₀ dans la valeur du capital ; il était de 1.200 environ
en 1914. La consommation du combustible avait passé de
446.000 tonnes en 1862 à 9.600.000 tonnes en 1911, pro-
gressant dans la proportion de 1 à 20 ; l'accroissement de
la force motrice en chevaux-vapeur était de 1876 à 1911
de 1.600 °/₀; celle de la force hydraulique de 100 °/₀ : les
compagnies de distribution d'énergie électrique se sont
multipliées, leur capital révélant une augmentation de
130 °/₀. C'est là vraiment la spécialité de l'Italie. A cet
égard elle tient la tête des Etats européens : les premiers,
ses ingénieurs ont employé en grand la force motrice fournie
par la houille blanche, électrifié les chemins de fer, trans-
porté la force à de grandes distances, distribué l'énergie à
domicile pour les ouvriers ; il n'est pas exagéré de dire
que ce sont eux qui ont fourni les plus parfaits modèles
d'installation, imités par les Américains eux-mêmes. Sur
les 5 millions de chevaux-vapeur que représente la puissance des torrents, ils en utilisaient près du cinquième,
850.000 en 1911 ; en 1916, plus de 2 millions étaient re-
connus, encore qu'incomplètement utilisés. En même temps
que l'exploitation de la force hydraulique, l'importation des
matières premières nécessaires à l'industrie progressait de

254 %, l'exportation des produits fabriqués de 348 %. Le nombre des patrons a diminué, mais celui des ouvriers s'est accru de 45 %. Celui des coopératives de production a monté d'une manière impressionnante ; il a presque doublé de 1910 à 1915 (de 1.879 à 3.022). En même temps le gouvernement encourageait ce rapide développement par la diffusion de l'enseignement professionnel et technique, bien que l'Italie soit encore à cet égard très sensiblement inférieure à la Suisse et surtout à l'Allemagne. Le nombre des élèves des écoles industrielles était en 1885-1886 de 20.000 environ ; de 1904-1905, de 45.000. En 1913-1914, 651 écoles ou instituts techniques groupaient 133.124 élèves. Des écoles spéciales d'ingénieurs existaient à Turin, Rome, Naples, Bologne ; un Haut Institut Technique à Milan, qui rivalisait avec le *Polytechnicum* de Zurich. Enfin l'Etat organise le crédit industriel et a travaillé par là à soustraire l'industrie naissante à l'emprise des capitaux autrichiens et allemands·

La guerre a accéléré les progrès de l'industrie d'une manière extraordinaire [1]. Les difficultés mêmes semblent l'avoir stimulée. Il a fallu faire face à une triple nécessité : d'abord, se procurer les matières premières dont beaucoup étaient fournies par les pays ennemis ; dont d'autres, comme le charbon, n'arrivaient plus aussi facilement à cause de la guerre sous-marine ; en second lieu, faire face à une consommation intense de munitions et de matériel de guerre ; en troisième lieu, organiser la fabrication des produits de première nécessité que l'Italie recevait auparavant des empires centraux comme les produits chimiques. A quoi les Italiens ont ajouté encore un effort considérable pour outiller leurs usines en vue de l'après-guerre et pour les mettre en mesure de conquérir la clientèle abandonnée par les Allemands.

Pour résoudre le premier problème, on a recherché de nouveaux gîtes minéraux de fer, de cuivre et de bauxite, exploité des gisements de tourbe et de lignite, utilisé la chaleur de la terre, et surtout intensifié, multiplié les appels

---

1. Voir les publications parues depuis 1914 : *La Vita industriale, Le Industrie italiane illustrate.*

à la force hydro-électrique. De nombreuses usines à munitions ont été créées, les anciennes se sont étendues démesurément. Des fabriques sont sorties de terre un peu partout qui ont fourni des marchandises, non seulement au
pays lui-même, mais aux alliés, à la Russie, à la Serbie, à
la France même. Un des indices les plus nets de ce développement presque subit est fourni par le nombre des sociétés par actions fondées depuis 1914 ; il s'élève à 110, chiffre
qui représente presque la dixième partie du nombre total
des sociétés anonymes en 1914. Une Italie nouvelle s'est
révélée au monde et à elle-même.

Les progrès sont particulièrement surprenants dans les
industries métallurgiques et mécaniques. De 1880 à 1914, le
nombre des ouvriers occupés dans les usines de cette caté-
gorie a quintuplé. L'Italie était entièrement tributaire de
l'étranger pour le fer ouvré et les machines. En 1914, elle
exportait à l'étranger du fer ouvré et des machines, en faible
quantité, il est vrai, si on compare le chiffre à celui des
exportations de même ordre venues d'Allemagne et d'Angleterre. La métallurgie est alimentée par le minerai étranger,
pour la plus grande part et elle se sert de charbon anglais ;
mais les industries extractives se développent ; quatre sociétés minières se sont fondées depuis la guerre. Surtout l'élec-
tro-métallurgie tend à remplacer la métallurgie à la houille
et au coke, grâce à la multiplication des entreprises hydrau-
liques ; depuis 1915, 74 sociétés électriques nouvelles se
sont constituées. Il y en a aujourd'hui environ 180. Les
progrès s'accusent par le nombre toujours croissant des
sociétés sidérurgiques ou mécaniques ; il y en avait 150 en
1912 et 181 en 1916, y compris les fabriques nouvelles de
munitions, et de matériel d'aviation. La quantité de hauts
fourneaux n'a cessé de s'accroître ; en 1880, il n'y en avait
que 16 ; en 1902, que 32, en 1914, on en comptait 87, et
en 1916, 107 ; la puissance en chevaux-vapeur depuis 1902
a presque quadruplé. Avant la guerre, déjà, la valeur de la
production du fer, de la fonte et de l'acier dépassait large-
ment le demi-milliard ; elle a dû pendant la guerre appro-
cher du milliard. L'Italie arrivait, sur bien des points, à se
suffire à elle-même. En quelques branches de l'industrie
mécanique, les constructeurs italiens sont arrivés à réaliser

des modèles parfaits ; tel fut le cas pour leurs avions et surtout pour leurs automobiles ; dans l'exportation italienne, les automobiles figurent pour un chiffre très honorable.

Le centre de la métallurgie italienne se trouve sur la rivière de Gênes, à Turin, et à Milan, à proximité du fer de l'île d'Elbe, de la houille anglaise ou de la houille blanche ; les sociétés les plus puissantes sont celles des aciéries de Terni, dont l'usine principale est en Ombrie, la Société sidérurgique de Savone, la Société Lombarde-Ligure, celle des établissements Fiat (automobiles) à Turin, la Société Riva à Milan, la Société italienne de fabrication de projectiles, récemment constituée. A côté de l'aristocratie terrienne, à côté des hautes personnalités politiques, apparaissent, depuis dix ans, les grands industriels, comme en Allemagne ou en Amérique, auxquels la transformation économique donne maintenant une place éminente dans la vie nationale. Des hommes comme MM. Dante Ferrari, président de la Société pour la fabrication des projectiles, Perrone, ingénieur de la puissante firme Ansaldo (de Gênes), Agnelli, administrateur de la Société Fiat, comptent aujourd'hui à l'égal des chefs de parti ou des directeurs de grands journaux.

Les industries textiles ne manifestent pas une moindre activité ; leur développement était déjà remarquable avant 1914 ; la guerre mondiale, qui a galvanisé la métallurgie, ne l'a pas arrêté. Le centre de l'industrie de la laine demeure toujours la région située au pied des montagnes, en Vénétie, en Lombardie et dans le Piémont, Milan, Turin, Biella, Schio. Mais de 1876 à 1910, le nombre des ouvriers de la laine a décuplé. Il n'y avait que deux sociétés en 1882, il y en avait sept en 1903, 11 en 1911, 19 en 1916. Le nombre des métiers à carder est passé de 319.650 (1903), à 465.000 (1916). L'exportation de la laine brute s'était accrue, avant la guerre, depuis 1876, de plus de 130 %, l'exportation des lainages, dans la même période, de 1.000 %. L'Italie, en 1914-1915, a fourni aux alliés des draps pour leurs armées.

L'industrie cotonnière dès avant la guerre avait suivi une progression encore plus surprenante. Elle est de 44 % pour le nombre des entreprises, de 1876 à 1909 ; en 1915, il y avait 79 sociétés cotonnières, dont 3 récemment fondées. Pendant la guerre, six nouvelles sociétés sont nées. La puissance motrice s'est accrue dans la proportion de 1 à 16, le nombre des broches a presque sextiplé ; il était en 1911 de 4.600.000 ; c'est dire que la puissance de l'industrie cotonnière italienne pouvait à cette date déjà s'évaluer aux deux tiers de celle de la France (6.700.000 broches) ; elle équivalait à celle de l'Autriche-Hongrie et plaçait l'Italie au sixième rang, après la France, la Russie, l'Allemagne, les Etats-Unis et l'Angleterre. Les centres de filature de coton sont la Lombardie, la Ligurie et la Calabre. L'exportation des tissus de coton a progressé de 1896 à 1910 de 300 °/₀ ; elle était en 1911 de 126 millions de francs (France 346 millions). Enfin, si les industries du lin et du jute sont encore peu développées, celle de la soie qui se réclame d'anciennes traditions, demeure encore très active et très bien organisée surtout dans la région de Côme, de la Brianza et de Milan. Le nombre des sociétés pour la production de la soie grège ou pour la fabrication des soieries a passé de 5 (1882) à 12 (1914) ; il s'est créé pendant la guerre une firme pour la fabrication de la soie artificielle. Depuis l'unité jusqu'en 1914 la production de la soie grège a plus que doublé ; l'exportation a suivi la même progression de 1889 à 1909. A cet égard l'Italie tient le premier rang en Europe et le troisième dans le monde, après la Chine et le Japon. Le nombre des ouvriers de la soie a augmenté de 15 à 16 °/₀ de 1876 à 1910 ; celui des métiers a diminué, mais la puissance en chevaux-vapeur s'est accrue de 16 à 17 °/₀. L'exportation des soieries est encore très inférieure à l'exportation française et l'Italie n'occupe à cet égard que le sixième rang dans le monde, loin après la France, l'Angleterre et la Suisse.

Par contre, l'Italie a créé, depuis 1903, et surtout depuis la guerre, l'industrie chimique. Elle était tributaire de l'Allemagne comme le monde entier ; l'industrie chimique allemande organisée pour une production formidable, détenait un véritable monopole sur les marchés mondiaux. Pressée par la nécessité, l'Italie a dû pourvoir à la fabrication des explosifs, des couleurs, des produits pharmaceutiques. L'effort apparaîtra considérable si l'on songe qu'aux 66 sociétés existánt avant la guerre (dont trois fondées en 1914 et 1915) et dont la plupart traitaient les soufres ou fabriquaient des engrais agricoles, il ne s'en est pas ajouté en 1915 et 1916 moins de 14. Par les progrès réalisés de 1903 à 1911 on peut juger de ceux que l'Italie est en train de réaliser : le nombre des ouvriers, dans cette période, a passé de 35.000 à 104.000 environ. En 1911 la valeur des matières fabriquées était de 154 millions de lires : la production de l'acide sulfurique, des superphosphates et engrais chimiques a décuplé, à peu près pendant le même temps. L'outillage que l'Italie s'est donné pendant la guerre lui servira pour l'après-guerre. C'est un marché précieux que l'Allemagne a perdu, puisqu'il est à présumer que la fabrication italienne pourra suffire aux besoins nationaux.

Pour être complet, il faudrait citer les industries alimentaires, fabriques de pâtes, de conserves de fruits, laiteries, fromageries coopératives, surtout dans la région de Parme, qui se sont outillées et dont certaines se sont transformées en sociétés anonymes ; depuis la guerre, six sociétés nouvelles alimentaires se sont créées, pour suffire aux besoins de l'armée. Sous la rubrique industries diverses, nous rangerons la papeterie, très inférieure à la papeterie française, allemande ou autrichienne, encore qu'il existe de magnifiques installations, comme les papeteries Ambrogio Binda à Vaprio d'Adda ; les fabriques de cuir (deux sociétés nouvelles sont nées depuis 1915) ; les fabriques de caoutchouc (douze sociétés nouvelles pendant la guerre) dont les plus remarquables sont les grandes usines Pirelli, (pneus et matériel électrique, Milan-La Spezzia-Southampton). Les Italiens sont ambitieux et audacieux ; ils rêvent d'adapter l'industrie du froid, non pas seulement à la congélation des viandes, mais à la conservation des fleurs et à la fabrication des parfums. Ce pays, qui est celui de la musique, tout autant que l'Allemagne, aspirerait à devenir le pays des éditions musicales et des instruments, pour fournir à l'étranger ce qu'on achetait couramment à Leipzig. Une fièvre de projets, dont beaucoup se réalisent en entreprises, apparaît dans les publications relatives à l'industrie, dont quelques-unes sont nées depuis 1914, et sont destinées à populariser par l'image la transformation qui est en voie d'achèvement chez nos voisins. En dépit de l'infériorité des conditions naturelles, cette race entreprenante et laborieuse est en train de faire de l'Italie ce que les Suisses ont fait de leur contrée dépourvue de fer et de houille, une grande puissance industrielle.

Le crédit et les banques.

Tout le développement économique de l'Italie a été dominé par la question des capitaux. En 1885 encore, l'Italie était pauvre, et même misérable et pourtant elle recélait des richesses latentes, et dans son sol, et dans ses énergies. Pendant toute la fin du xix° siècle et les premières années du xx°, les Allemands ont profité de cette pauvreté pour prêter leur argent et prendre des intérêts considérables dans les grandes entreprises italiennes. C'est particulièrement dans la Lombardie, la partie la plus riche et la plus susceptible de développement, ainsi que dans la Ligurie qu'ils se sont introduits, si bien qu'ils ont converti la première de ces provinces en une sorte de fief économique germain. La grosse métallurgie milanaise était dominée par les Siemens-Schuckert, la banque la plus importante de Milan, le *Banco Commerciale* était sous la direction allemande. Bien d'autres société se trouvaient également sous le contrôle de l'étranger. Il a donc fallu organiser le crédit et libérer l'Italie de l'emprise des capitaux étrangers, surtout germaniques.

Cet effort, moins apparent que l'effort agricole et industriel, n'a pas moins été fécond. Il fait honneur à l'initiative des financiers d'outre-monts et à la clairvoyance de l'Etat qui les a encouragés et soutenus. La création capitale a été celle de la Banque d'Italie, analogue à notre Banque de France (1893), ayant son siège à Rome, et qui est devenue le principal institut d'émission (3 milliards de circulation en 1915), bien avant la Banque de Sicile et la vieille Banque de Naples (771 millions de circulation). En dehors de ces instituts d'émission, il existait des banques ordinaires et des établissements de crédit, dont les plus anciens étaient la *Banque de Rome* (1880) et le puissant *Crédit Italien* (1870). La Banque de Rome a été réorganisée récemment. A dater de 1898, moment où commence la renaissance industrielle, les institutions de Crédit et de banque se multiplient ; une des plus intéressantes est la *Société Italienne bancaire* (1898) qui s'est fondée en 1914 avec la *Banque Italienne d'Escompte.* Ce sont ensuite une foule de banques locales ou de Crédits provinciaux qui ont prêté leur concours aux cultivateurs et aux petits industriels. C'est là un type bien italien que celui de la banque populaire ; il en existe 316, en dehors de 119 banques ordinaires, dont le Crédit italien demeure le plus considérable. Enfin, il y avait, en 1916, 308 coopératives bancaires alimentées par les petits propriétaires ou cultivateurs eux-mêmes. Ainsi peu à peu s'est organisée la collaboration de la finance, de l'agriculture et de l'industrie, sans laquelle les progrès que nous avons signalés n'auraient pas été possibles. Plus délicate a été la liquidation des intérêts germano-autrichiens dans les entreprises de tout genre. Elle s'achèvera, il faut l'espérer, par l'exclusion du capital allemand, comme de la marchandise allemande. Mais, comme les Italiens voient grand et que leurs ressources ne correspondent pas toujours à leurs ambitions, ils devront probablement s'adresser aux Alliés, dont la richesse est de date moins récente, dont les disponibilités sont pratiquement inépuisables et le crédit illimité.

Le Commerce.

Le progrès économique se traduit par l'augmentation rapide du commerce extérieur. Celui-ci s'est développé surtout depuis 1898, lorsque la guerre de tarifs a cessé entre l'Italie et la France. Le chiffre a presque triplé de 1875 à 1912, passant de 2 milliards 254 millions à 6 milliards ; il montait à 6.338.300.000 lires en 1913 pour redescendre en 1914 au-dessous de 5 milliards et demi et remonter en 1915 à un peu plus de 5 milliards et demi. Les importations ont cru de 158 %, les exportations de 70 %. Seules la Russie et l'Allemagne ont connu des progressions plus rapides ou plus grandioses (augmentation des importations 192 % pour la Russie, 108 % pour l'Allemagne, des exportations 186 % pour la Russie, 192 % pour l'Allemagne. L'Allemagne, de 1876 à 1913, a presque quadruplé son commerce extérieur, passant de 7 à 25 milliards). La croissance du commerce français a été plus modeste, puisqu'il est passé de 7 (1871) à 16 milliards (1913). L'excédent de l'importation sur l'exportation est considérable, un milliard en moyenne pour les dernières années, soit un sixième du commerce total (un septième pour la France, un huitième pour l'Angleterre, un dixième pour l'Allemagne). Il n'implique pas un appauvrissement, pas plus dans le cas de l'Italie que dans celui des Etats cités plus haut : du reste, les statistiques ne tiennent pas compte de l'enrichissement causé par l'afflux des étrangers en Italie et des salaires gagnés par les émigrants temporaires à l'étranger : somme qui dépasse de beaucoup, selon toute apparence, le milliard de déficit que présente la balance commerciale.

L'Italie importe surtout des matières premières et des machines ; elle exporte surtout de la soie grège, des fruits, du vin, des œufs, du fromage, et aussi des cotonnades, des soieries et des automobiles. Quels que soient les progrès de son industrie, elle demeure encore aujourd'hui expéditrice de produits surtout agricoles. L'Allemagne avait une part prépondérante de ce commerce, 550 millions en 1911, 612 millions en 1913, supérieure à celle de la Grande-Bretagne (509 millions en 1911, 592 en 1913) et des Etats-Unis (415 millions en 1911, 522 millions en 1913). Il est remarquable que les deux voisines immédiates de l'Italie, l'Autriche-Hongrie et la France, n'occupaient dans la série de ses clients et fournisseurs que le cinquième et sixième rang, après des puissances n'ayant avec elle aucune frontière commune. La part de l'Autriche se chiffrait par 288 millions en 1911, 264 millions en 1913, celle de la France par 327 millions en 1911, et 283 millions en 1913. La décroissance du commerce franco-italien doit être constatée avec regret, d'autant qu'elle était due à l'active concurrence que nous faisaient les Allemands dans la péninsule ; de plus, nous sommes plus des clients que des fournisseurs ; il y a là un enseignement à tirer pour nous de l'éloquence des faits et des chiffres, lorsqu'il sera question plus tard de reconstituer les rapports économiques normaux. Après ces six puissances, les relations les plus actives de l'Italie se font avec la Russie, l'Inde Britannique, la Roumanie et l'Argentine.

Depuis 1914, le commerce de l'Autriche avec l'Italie est presque nul (34 millions en 1915), celui de l'Allemagne fortement diminué (155 millions en 1915), celui de l'Angleterre en léger fléchissement (487 millions en 1915), celui de la France en décroissance marquée (178 millions en 1915), tandis que celui des Etats-Unis a presque triplé (1.238 millions en 1915).

Les Italiens s'initient avec soin aux méthodes commerciales modernes : le même développement a été donné à l'enseignement technique du commerce qu'à celui de l'industrie. Il y a trois écoles commerciales à Gênes, Venise et Bari. Une Université commerciale a été fondée à Milan par M. Bocconi en 1902.

Le commerce italien souffre de l'insuffisance des voies de communications ferroviaires ou fluviales. Sans doute la longueur des chemins de fer a passé de 2.520 kilomètres (1861) à 18.614 (1915). Mais la proportion par rapport aux 100 kilomètres est seulement de 6.4 tandis qu'elle est de 12,6 pour la France, de 9,3 pour l'Allemagne. De plus, les lignes les plus considérables sont souvent à voie unique, comme la ligne Gênes-Novi-Milan. D'autre part, nous devons remarquer que les meilleures et les plus nombreuses des voies internationales relient l'Italie à la Suisse (Simplon, Saint-Gothard) ou à l'Austro-Allemagne (Brenner, Tarvis), tandis que la France ne communique avec sa voisine que par la ligne du Cenis, fort insuffisante, et les lignes trop excentriques et indirectes de Nice-Vintimille et de Nice-Coni. Il ne saurait être qu'avantageux aux deux nations d'accroître le nombre des percées alpines par où puissent passer des lignes à grand rendement. La position de l'Italie est telle qu'elle peut devenir une sorte de carrefour ferroviaire des lignes allant d'Angleterre ou d'Allemagne au canal de Suez et des lignes allant de la Russie méridionale et de l'Autriche aux ports de l'Ouest de la France, Bordeaux ou Saint-Nazaire. Le tonnage kilométrique est très inférieur à celui de la France, qui est lui-même le tiers de celui de l'Allemagne et de l'Angleterre. Mais il s'est accru, en dix ans, depuis 1898, de près de 70 °/₀. Le réseau routier est pareillement moins étendu et moins parfait que le réseau français (200.000 km. au lieu de 850.000) ; les Italiens, qui ont jadis construit les routes les plus belles et les plus solides du monde, regardent avec envie notre système de grandes voies par où circule une notable partie du trafic intérieur.

Ils étudient de même attentivement notre système de canaux bien qu'il soit loin d'être parfait ou complet. L'Italie ne possède pas de fleuves navigables ; dans la péninsule ce sont des torrents irréguliers, à peu près à sec l'été ; seul le Pô est d'une extrême abondance, mais il charrie tant d'alluvions que son lit est instable et sans profondeur. Les innombrables canaux qui sillonnent sa plaine sont destinés à l'irrigation, très peu à la batellerie. L'exemple de la France (le Rhône et la Loire), et surtout de l'Allemagne (le Rhin et l'Elbe) a déterminé les Italiens à entreprendre des travaux d'approfondissement et de correction du Pô. Actuellement un grand programme de voies navigables est tracé et en voie de réalisation. Il ne s'agit de rien moins que d'une ligne d'eau unissant Milan à la mer : une section, de Brondolo au Pô, est en cours d'exécution ; le canal traverse l'Adige sur un pont de ciment armé. Un autre canal est projeté de Ferrare au Pô, de Milan au Lac Majeur et au Lac de Côme d'une part, à Savone d'autre part ; desseins gigantesques que l'industrie moderne, servie par l'imagination inventive des ingénieurs d'outre-monts, est en mesure de réaliser. Tous ces projets tendent à faire de Milan un grand centre de commerce fluvial, comme Paris ou Berlin : depuis 1907, plusieurs plans grandioses ont été élaborés pour y creuser un port (plan Sanjust 1907, Beretti-Maïocchi 1912) ; il en est déjà de créés à Mantoue, de projetés à Crémone, Plaisance et Lodi. Enfin, en amont de Rome, le Tibre a été aménagé, un port fluvial a été créé dans la Ville Eternelle (Port Saint-Paul) et la vieille ville d'Ostie s'est réveillée de son sommeil séculaire ; les Italiens viennent d'y bâtir un nouveau port.

La Marine marchande.

Mais il n'est pas de grande puissance économique sans une marine marchande. Pour l'augmenter et l'outiller, les Italiens ont fait les efforts les plus persévérants ; ils savent qu'une nation n'est complètement maîtresse d'elle-même que lorsque son pavillon sur mer tient une place proportionnée à sa faculté de production et à l'activité de son commerce. La guerre, en interrompant toutes relations avec l'Allemagne et le continent, a fait l'Italie plus dépendante encore de la mer. Ses ambitions la tournent d'ailleurs vers la Méditerranée orientale et aussi vers la Mer Rouge et l'Extrême-Orient, tandis que des relations de plus en plus étroites l'unissent aux pays de l'Amérique du Sud, où se dirige son émigration, Argentine et Brésil. Pour toutes ces raisons, le développement de la marine marchande a été la préoccupation dominante de ces dernières années, au point que la guerre n'a en rien diminué l'activité des chantiers de construction.

Quelques chiffres fourniront un commentaire éloquent : en 1862 l'Italie possédait 57 vapeurs et 9.300 voiliers, la plupart de faible tonnage et destinés à la pêche côtière ; en 1910 elle avait 718 vapeurs d'un tonnage de 1.121.000 tonnes, et 4.723 voiliers d'un tonnage de 50 °/₀ inférieur à celui de 1862 ; en 1914, elle avait 752 vapeurs (tonnage 1.541.000 tonnes). Chaque année, depuis 1906, on construit de 14 à 44 vapeurs, 44 en 1912, 30 en 1913, d'un tonnage de 21.000 tonnes. Le nombre de Sociétés de navigation est passé de 15 (1910) à 22 (1916). Depuis 1914, il ne s'est pas constitué moins de huit sociétés nouvelles de construction et de transports maritimes, parmi lesquelles, *la Société maritime et commerciale italienne*, à Gênes (1914) qui possède 7 vapeurs, *la Société nationale de navigation*, à Gênes (1915), *le Lloyd méridional*, à Palerme (1916), la *Lucania*, à Naples (1916). L'activité des chantiers italiens fait un contraste, douloureux pour nous, avec l'abandon des nôtres. Il est vrai que l'Italie a supporté des pertes terribles du fait des sous-marins ; mais elle fait un effort d'autant plus puissant pour récupérer le tonnage perdu en vue de l'après-guerre. L'Etat a encouragé cet effort en soutenant le nouveau *Crédit naval*, créé en novembre 1916 et destiné à avancer des capitaux pour la construction des vaisseaux. Exemple instructif à méditer et à imiter.

Le mouvement général de la navigation dans les ports italiens a beaucoup augmenté et, ce qui est essentiel, la part du pavillon italien s'est accrue dans des proportions considérables : 50 °/₀ de 1910 à 1914 ; celle du pavillon étranger diminue ou reste stationnaire. Avant la guerre, des compagnies allemandes avaient pris des ports italiens pour attache (en particulier Gênes) ; ainsi se réalisait sournoisement le grand projet germanique, une porte sur la Méditerranée ; mais la réaction, depuis quelques années, se révélait énergique ; la guerre aura chassé les Teutons des ports italiens. Ceux-ci s'agrandissent et s'outillent ; actuellement de grands travaux s'opèrent à Gênes entre la ville et San Pier d'Arena, pour étendre les quais et les bassins ; les Italiens ont l'ambition d'en faire le premier port de la Méditerranée ; mais cette ville, serrée entre la montagne et la mer, reliée à Savone par une suite de localités industrielles, manque d'arrière pays et surtout de communications ferroviaires commodes. Gênes n'en a pas moins progressé ces dernières années, son tonnage passant de 9 à 13 millions (Marseille, 12 à 16 millions). De gros crédits ont été prévus pour l'amélioration des autres ports, Naples, Bari, Palerme, Venise, dont l'ancienne prospérité, bien déchue, tendait à renaître lorsque la guerre a éclaté. De même les constructeurs italiens cherchant à rivaliser avec les Français et les Anglais en offrant à la clientèle des passagers des paquebots confortables et même luxueux, avec l'agrément des traversées vers l'Amérique du Nord ou du Sud par des mers calmes et ensoleillées. *La Compagnie générale de navigation italienne, la Veloce* concurrençaient parfois heureusement nos *Messageries maritimes*. La prospérité de quelques compagnies italiennes tenait surtout à l'émigration, surtout temporaire et saisonnale, qui entretient un trafic constant de voyageurs entre Naples et l'Amérique du Sud.

Les colonies et l'émigration.

Il n'est pas de grande puissance sans empire colonial. L'Italie, tard venue, comme l'Allemagne, a eu de la peine à en constituer un. Pourtant elle possède aujourd'hui en Afrique de vastes territoires, d'une superficie supérieure à 2 millions de kilomètres carrés peuplée d'un million et demi d'habitants ; ces acquisitions sont toutes récentes et la mise en valeur est nécessairement peu avancée. Pourtant, elles sont susceptibles d'un développement ultérieur et leurs progrès font bien augurer de leur avenir, quelque limité qu'il puisse paraître. Le commerce de l'Erythrée, qui était en 1910 de 23 millions, atteignait, en 1912, 29 millions avec le transit ; le mouvement du port de Massouah se chiffrait la même année par plus de six millions et demi de tonneaux. Les exportations consistent en corail, perles, qu'on pêche en abondance dans la Mer Rouge, noix de palmier doum, blé, coton, peaux. L'avenir paraît résider dans la culture du coton : après la doyenne des sociétés coloniales italiennes, celle de Milan (1899), une *Société cotonnière de l'Erythrée* s'est fondée en 1904 dans la même ville. La colonie est bien placée pour servir de débouché aux produits de l'Ethiopie du Nord, Asmara et Tigré et son développement est en quelque sorte lié à la prospérité de l'empire du Négus. La Somali italienne est aussi en progrès marqué. Exploitée par une *Compagnie pour la navigation et le commerce de la Somali* (Rome, 1911) elle a vu son commerce passer de deux millions 450.000 lires (1909) à 5 millions de lires (1914). Dans la Lybie, encore presque désertique, et les îles du Dodécanèse récemment occupées, commencent déjà la pénétration et la colonisation que la guerre de 1915 est venue interrompre, ou tout au moins ralentir. Dans ces pays, les Italiens retrouvent les traces de leurs grands ancêtres et ils sauront ressusciter la prospérité de régions que l'incurie des Turcs a vouées à la stagnation ou à la misère.

Mais l'expansion de l'Italie ne se borne pas aux colonies officielles. L'activité des sociétés italiennes à l'étranger témoigne d'un emploi tout nouveau des capitaux. C'est dans l'Orient de la Méditerranée qu'ils s'emploient le plus volontiers (*Compagnie d'Antivari*, 1906, *Société anglo-italienne Gorgos*, à Lamia (Thessalie), force électrique et produits chimiques, 1907, *Société commerciale d'Orient*, Milan, 1912) ; nous les trouvons aussi en Russie (*Société italo-russe de l'amiante*, 1907, *Minière-Carbonifère Russe*, 1910) et jusqu'en Extrême-Orient (*Société italienne d'Extrême-Orient*, 1911, *Société de commission orientale*, 1910, Batavia, Singapoure).

Bien plus encore que par ses capitaux, encore faibles, l'Italie est représentée à l'étranger par les émigrants. Chez aucune autre nation d'Europe le nombre n'en est proportionnellement aussi élevé : les causes de l'émigration sont la forte natalité, la faiblesse relative de la production agricole, la difficulté de la vente ; émigration de la misère surtout, qui diminuera, à mesure que s'augmenteront les ressources du pays ; mais, malgré le rang social inférieur des émigrants ils constituent dans les régions où ils se fixent, de solides noyaux de latinité qui non seulement ne sont pas absorbés par les éléments environnants, mais souvent les absorbent eux-mêmes, comme jadis les colonies fondées par les Romains. Une moyenne de 4 à 500.000 Italiens s'expatrie sans espoir de retour chaque année depuis 1903 ; ils se fixent dans les pays Européens (France, Angleterre, Allemagne), aux Etats-Unis, dans l'Argentine. Plus de 3 millions et demi d'Italiens se sont établis aux Etats-Unis au xix° siècle, près de 2 millions en Argentine dans la seconde moitié de ce même siècle, plus de 1.200.000 au Brésil de 1810 à 1911 ; ils sont près de 100.000 en Tunisie, plus de 60.000 en Algérie. Ce sont des agents tout désignés, surtout dans l'Amérique du Sud, pour préparer l'influence commerciale que les Italiens rêvent d'y introduire ; l'exemple de l'Allemagne est instructif et ne sera pas perdu. Outre l'émigration permanente, une moyenne de 200.000 Italiens sort chaque année du royaume pour aller travailler une saison soit en France, en Corse ou en Tunisie, soit surtout dans l'Amérique du Sud : ils y vivent sobrement et rapportent leurs salaires presque intacts dans la mère patrie. Tous, émigrants temporaires ou définitifs, constituent pour l'Italie, au moins dans l'Amérique latine, de véritables colonies sans drapeau. De même que l'Allemagne, l'Italie ne les abandonne pas. La *Société Dante Alighieri*, fondée peu avant la guerre et analogue à notre *Alliance française*, travaillait à établir une cohésion morale entre les groupes épars et à cultiver chez eux, sans diminuer le loyalisme envers la patrie d'adoption, le souvenir et l'amour de la patrie d'origine.

L'Italie intellectuelle.

Bien que l'Italie n'ait plus aujourd'hui la primauté intellectuelle qu'elle a exercée sur le monde au moyen âge et au xvi° siècle, la sève est loin d'être épuisée. Mais il est bien vrai, que, sauf quelques exceptions, l'activité de l'esprit a été moins féconde après l'unité qu'à la fin du XVIII° siècle et dans la première partie du XIX° siècle. Dans le domaine scientifique on ne voit aucun nom qui soit digne d'être mis à côté de ceux de Berthelot, de Claude Bernard ou de Pasteur : quelques mathématiciens, comme Bellavitis et Cremona, quelques physiciens comme le professeur Righi dont les travaux ont permis à Marconi ses belles découvertes pratiques dans le domaine de la télégraphie sans fil. Les Italiens d'aujourd'hui semblent orientés vers les applications plus que vers les théories.

Par contre la littérature brille d'un vif éclat. Les trouvailles archéologiques de de Rossi, de Comparetti et Boni comptent parmi les plus intéressantes du XIX° siècle. L'histoire romaine et italienne a été renouvelée par le génie curieux de Ferrero, par la solide érudition de La Farina, Villari et Carutti.

Peu de temps avant la guerre mourait le grand poète Carducci (*Iambes et Epodes, Nouvelles poésies, Odes Barbares, Garibaldi*) ; mais l'Italie garde en d'Annunzio un chantre inspiré (*Cantonovo, La Chimera, Elegie romane*). Le romain Cesare Pascarella est un tempérament puissant ; la jeune école paraît riche en talents et en promesses.

Au théâtre, après l'heureuse tentative de « révolution nationale » due aux comédies de Ferrari et de Torelli ; après le succès du drame historique (Cossa, Cavallotti, de Gubernatis, Bovio, Corradini), la scène appartient à la grande école dramatique, dont en France même on a pu applaudir les maîtres les plus illustres : Giacosa (*La partie d'échecs, Le triomphe d'Amour, les Droits de l'âme, Comme les Feuilles*) ; Verga (*Cavalleria Rusticana, La Louve, La chasse au Loup*) ; Rovetta (*Trilogie de Dorine, les Deshonnêtes, Réalité, Romantisme*) ; Marco Praga (*les Vierges, l'Epouse Idéale, Alleluia*) ; Roberto Bracco (*Une femme, les Masques, le Triomphe, Don Pier Caruso*) ; Camillo Antona Traversi (*Rozeno, les Enfants, les Parasites, la Danse macabre*) ; Giannina Antona Traversi (*le Bracelet, l'Ecole du Mari, l'Unique Excuse, les Plus heureux des jours*) ; Enrico Butti (*l'Abîme, l'Utopie, la Course au plaisir*). Enfin Gabriele d'Annunzio, qui compte autant d'admirateurs chez nous qu'en Italie, et dont les œuvres (*La Gloire, La Joconde, La Ville morte, La Fille de Jorio, La Nave, Françoise de Rimini*) offrent un mélange, original entre tous, de réalisme et de lyrisme, est le maître incontesté de la jeune école dramatique italienne.

D'Annunzio, quel lecteur français l'ignore, est encore un grand romancier (*le Triomphe de la mort, l'Enfant de volupté, l'Intrus, les Vierges aux Rochers*). Avant lui, de Amicis, et surtout Fogazzaro (*Daniel Cortis, Le Saint, Petit monde d'Autrefois, Leïla*) avaient illustré le roman italien moderne. Dans le midi s'est développée une école de romanciers naturalistes attachés à la peinture des mœurs ou d'un milieu (Verga, Capuana, Mathilde Serao, Grazia Deledda).

C'est peut-être dans les arts plastiques que l'Italie moderne a le plus à conquérir, bien que de sérieux efforts soient faits pour ranimer les études d'art. Depuis les grands sculpteurs du début du XIX° siècle, Canova surtout et San-Giorgio qui appartiennent à l'Italie du Nord, il n'y a pas eu d'école de sculpture absolument digne de la grande tradition, si l'on excepte des artistes comme Vela et surtout Morelli et Monteverde. En architecture, les Italiens ont fâcheusement subi les influences germaniques, et sacrifié au colossal et au déclamatoire (le monument de Victor Emmanuel à Rome par exemple). Il n'y a pas davantage de peinture originale, depuis la Renaissance néo-classique d'Appiani au début du XIX° siècle. Mais une école intéressante existe à Venise où semblent se renouer les traditions d'art restées si vivaces jusqu'au XVIII° siècle.

Pendant la première partie du XIX° siècle, l'Italie fut un des pays de la musique ; Rossini, Bellini, Donizetti sont des artistes personnels, Verdi, un génie puissant. Depuis Verdi, la production musicale italienne se réduit aux œuvres de l'école « vériste » (Puccini, Leoncavallo, Mascagni).

L'Italie paraît-elle justifier les vœux sacrilèges de quelques théoriciens et négliger le culte de la beauté ? Pure apparence ou crise passagère : le développement intellectuel et artistique peut accompagner les progrès économiques, comme au XV° siècle et au XVI° siècle. Mais pour l'instant, les Italiens songent à se mettre au niveau des grandes puissances productrices et à se transformer en vue de la lutte économique de demain.

III

Les buts de guerre de l'Italie et le bloc franco-italien

Il y a dans les buts de guerre de l'Italie deux parties :
pour l'une, les revendications officielles ont été aussi claires
que possible : pour l'autre, le gouvernement n'en a donné
aucune définition précise, mais les innombrables articles,
livres ou factums parus depuis 1915 ne laissent pas le
moindre doute sur les objets qui, pour les Italiens éclairés,
doivent constituer le prix de la victoire. L'invasion austro-
allemande ne les a pas amenés à y renoncer : à l'heure inéluctable de la victoire des Alliés, les souffrances mêmes de
l'Italie lui seront un argument de plus en faveur des justes
compensations qu'elle trouvera dans la réalisation de l'idéal
national.

L'unité nationale.

La première revendication sur laquelle l'unanimité italienne s'est faite, et qui ne comporte pas plus de transac-
tion que pour nous la question d'Alsace-Lorraine, est celle
des terres irrédentes, Trente et Trieste. Elle s'appuie sur
deux raisons : Une raison géographique ; la frontière al-
pestre de l'Italie, dans la large vallée de l'Adige, n'est pas
à la corne Nord du lac de Garde, mais bien aux sources
mêmes du fleuve, au col du Brenner ; du côté de l'Est, la
frontière géographique est au faît montagneux qui sépare
les eaux de l'Adriatique de celles de la Save et de la Drave ;
ici les raisons militaires s'ajoutent aux raisons géographiques, l'Autriche possédant les positions dominantes qui
avaient vue sur la plaine du Frioul ; la sécurité de Venise,
en outre, est compromise par l'existence des bases navales
ennemies de Trieste et de Pola. Une raison ethnographique

et sentimentale : le Trentin et l'Istrie sont peuplés d'une majorité d'Italiens ; les écoles italiennes y entretiennent avec soin le culte de la langue mère et de la civilisation latine ; depuis longtemps la majorité de la population, particulièrement à Trieste, souhaite son annexion au royaume d'Italie ; ce ne serait qu'une désannexion puisque ces contrées firent jadis partie de l'empire vénitien, démembré et supprimé par l'Autriche.

L'expansion.

Ce n'est là que l'achèvement de l'unité nationale. Ici commence le programme expansioniste. Le premier point, le plus important, se résume dans la question de l'Adriatique [1], d'une importance capitale pour l'avenir de l'Italie. Le *mare amarissimo* doit être une mer italienne. La géographie en a ainsi décidé : ce couloir marin très étroit sépare à peine deux côtes qui sont voisines et solidaires, de climat et de végétation pareilles : pour en surveiller l'entrée, les Italiens se sont saisis de Vallona ; mais tant qu'ils ne possèdent pas la côte orientale toute entière, ils ne sont pas chez eux ; raison de sécurité qui renforce la raison géographique. Qui tient la côte orientale est en réalité maître de la mer : en effet, cette côte, même en en exceptant Trieste et Pola, offre les seuls abris, les seules positions maritimes favorables que l'on trouve dans cette mer rude, balayée par le Bora (vent du Nord) : c'est le dédale des îles Dalmates, où, de toute antiquité, ont vécu des populations de pêcheurs et de bons marins ; ce sont les rades de Zara, de Spalato et surtout de Raguse et des bouches de Cattaro, port merveilleux comparable à Toulon ou à Carthagène. La nécessité d'être maîtresse de ces rivages s'imposa jadis à Rome ; une de ses premières conquêtes hors d'Italie fut celle de l'Illyrie, qui la délivra du danger de la piraterie ; elle s'imposa de même à Venise au moyen-âge ; l'empire vénitien s'étendit à Zara, à Raguse : les monuments y portent encore aujourd'hui sculpté le lion de Saint-Marc.

Les arguments géographiques et militaires sont corrobo-

1. Voir Senator italicus, *La question de l'Adriatique*, en français 1915. Piero Foscari, *Salviamo la Dalmazia*, 1916.

rés par des arguments ethnographiques. La côte illyrienne
et dalmate est frangée de colonies italiennes. La langue italienne combat, en quelques points victorieusement, les progrès des idiomes slaves. Là, même où les habitants parlant
italien sont en minorité, la civilisation est toute latine. La
forte empreinte de Venise, qui y domina jusqu'au XVIII° siècle,
y est partout visible. Les relations naturelles, de plus,
tournent le littoral oriental vers l'Italie. En effet, à peu de
distance des côtes, de hautes montagnes se dressent, isolant
l'intérieur du pays de l'Adriatique, le domaine des Slaves,
qui ne sont pas des marins, du domaine italien qui est celui
de la mer. La mer unit, les montagnes séparent. Le centre
de l'italianisme, ce sont les flots très amers, comme le centre
de l'hellénisme, selon les Grecs, ce sont les étendues bleues
de l'Egée.

Ces raisons, dont on ne peut méconnaître la solidité ont
servi à étayer le programme national italien : il comporte
l'exclusion de tout état puissant, ennemi ou simplement
rival, des rives orientales. C'est en ce sens que l'Autriche
et l'Italie ne pouvaient être, selon un mot célèbre, qu'alliées
ou ennemies. Les Habsbourg ont décidé eux-mêmes, dans
leur fol orgueil, qu'elles seraient ennemies. L'Italie revendique donc, comme une annexe naturelle de Trieste, les îles
dalmates, Sebenico, Zara, Spalato et Raguse, jusqu'à la ligne
de partage des eaux au Nord-Est, jusqu'à la Narenta au
sud. Elle revendique également le droit de se prémunir
contre toute emprise autrichienne en Albanie, en organi-
sant elle-même et en dirigeant ce pays anarchique : de là,
la proclamation du protectorat italien et l'occupation par
les troupes italiennes des ports de l'Albanie méridionale et
des routes qui mènent vers Salonique.

Depuis la guerre, les Italiens ont fait des efforts heureux
pour concilier leurs vues nationales avec celles des Serbes,
bien qu'ils ne se soient guère favorables à la création d'une
Yougo-Slavie ayant vue sur la mer. Enfin la position de la
côte d'Epire et des îles Ioniennes, commandant le canal
d'Otrante, entrée de l'Adriatique, crée entre la Grèce et
l'Italie une question délicate, mais qui est loin d'être inso-
luble.

Les desiderata de l'opinion italienne, tels que les a formulés une résolution du conseil général interventiste (19 juillet 1917) à Milan comportent en résumé : Trente et le Haut Adige, Trieste et la maîtrise de l'Adriatique, la Dalmatie par un accord avec les Slaves, une influence en Albanie, une porte ouverte à l'émigration et à l'expansion économique de l'Italie en Orient.

La grande Italie.

Ce sont là les buts de guerre immédiats et avoués. Mais la guerre mondiale a posé quantité d'autres problèmes à la solution desquels l'Italie à l'ambition de participer [1]. Et d'abord le problème de la Méditerranée orientale. Des garnisons italiennes occupent toujours Rhodes et le Dodécanèse ; déjà, après le traité de Lausanne, le gouvernement turc avait promis des concessions en Cilicie. Les Italiens étaient nombreux en Turquie avant la guerre, particulièrement à Smyrne ; leurs compagnies de commerce et leurs vaisseaux faisaient dans l'Egée et la Mer Noire un trafic sans cesse croissant. L'Italie recherche dans ces régions une sphère d'influence économique pour son industrie naissante ; elle escompte l'expulsion des Austro-Allemands de l'Empire turc, et elle fait acte d'héritier pour la place qu'ils laisseront vide. Mais, de plus, elle voit dans l'Anatolie un terrain de colonisation pour sa population surabondante, devant laquelle ne tarderont pas, évidemment, à se fermer les débouchés du Nouveau-Monde. Les ambitions de certains publicistes ne vont à rien de moins qu'à l'occupation de la moitié sud de l'Asie mineure, avec Alexandrette, débouché sur la Méditerranée des voies de la Mésopotamie. Il est naturel qu'un pareil programme heurte les visées de l'hellénisme ; la Grèce n'est pas un pays industriel et ne le deviendra vraisemblablement pas ; mais c'est une nation de colons et de marins qui considère l'Egée comme son domaine national et l'Ionie et la Doride de jadis, sur les côtes d'Anatolie, comme ses annexes naturelles. L'opposition des vues italiennes et grecques, assez délicates à concilier, explique bien des épisodes en apparence obscurs de la politique orientale depuis 1915.

1. Voir G.-A. Rosse, *I diritti d'Italia oltramare*, 1917, avec une carte.

Le programme expansionniste comporte l'agrandissement des colonies italiennes et la conquête de nouveaux débouchés économiques. Mentionnons les projets de rectification de la frontière italo-tunisienne et de la frontière italo-égyptienne. La constitution d'une vaste Somali italienne, accrue de la Somali française et britannique, par accord avec les deux puissances alliées, et d'une bande de l'Afrique orientale britannique de manière à entourer complètement l'Ethiopie, destinée ainsi à devenir tôt ou tard un fief italien ; l'acquisition de la côte du Yémen (Arabie) en face de l'Erythrée, comme dépendant géographiquement de cette dernière région. Enfin, la petite concession du Tien-Tsin pourrait s'étendre (comme Kiao-Tchéou pour les Allemands), devenir un centre de commerce en Chine, champ merveilleux pour l'expansion économique italienne.

Ce programme peut nous paraître ambitieux. Il n'est pas indigne des espérances que l'on peut fonder sur le développement ultérieur de l'Italie. Il apparaît aux nationalistes comme bien modeste si l'on considère les bénéfices immenses que retireront de cette guerre l'Angleterre et les Etats-Unis. Il assigne à l'Italie un rôle éclatant dans la Méditerranée, qui fut la mer de ses ancêtres, où elle occupe une position privilégiée, et qui demeure toujours le point de convergence des grandes routes de commerce qui unissent l'Europe et l'Extrême-Orient. Il est comme la formule du *Méditerranéisme*, doctrine depuis longtemps énoncée, mais à laquelle la guerre d'aujourd'hui a donné son plein épanouissement. Au méditerranéisme, il ajoute des visées mondiales ; il ambitionne pour l'Italie une place de premier plan, au rang de la France, de l'Angleterre, de l'Allemagne, de la Russie, des Etats-Unis, des puissances œcuméniques.

Mais les Italiens sont aujourd'hui convaincus que l'achèvement de l'unité nationale et l'avènement de la grande Italie sont nécessairement liés à l'expulsion, hors du domaine méditerranéen, non pas seulement de l'Autriche, mais encore et surtout de l'Allemagne. L'effort fait par Hindenburg pour sauver Trieste et mettre l'Italie hors de cause, les projets qu'on lui prête à l'égard de l'armée d'Orient et de la Grèce, prouvent qu'un des objets essentiels de cette guerre est la maîtrise de ce carrefour des routes du vieux monde. Toutes les autres questions pour l'Italie sont secondaires auprès de celle-là. Les problèmes mèditerranéens doivent être réglés par les puissances méditerranéennes elles-mêmes : l'Angleterre y prendra part sans nul doute, quoique ce ne soit là pour elle qu'une partie des problèmes que la guerre a posés. Mais la France et l'Italie sont les premières intéressées : isolées, elles ne sauraient chacune peser du poids qui convient sur les décisions des puissances. Unies, elles auront une autorité bien plus grande pour faire triompher, d'un plein accord, les solutions conformes à la justice et à leurs intérêts. La France montre en ce moment qu'elle considère la cause de l'Italie comme la sienne propre. Quand le moment sera venu de régler le nouveau statut méditerranéen, il faudra que les deux sœurs latines se présentent au futur congrès de la paix étroitement unies.

Le bloc franco-italien.

Rien ne sera d'ailleurs plus indispensable en face de puissances que la guerre aura démesurément grandies. L'Angleterre et les Etats-Unis sont inspirés par le plus pur esprit démocratique et guidés par un idéal de justice et de fraternité humaine, dans cette croisade contre les théories sanglantes de la force. Mais la paix leur rendra une puissance accrue. La France et l'Italie, quelque inégales que soient leur force et leur richesse, seront, chacune isolément, incapables de balancer l'influence de ces formidables Etats. Etroitement unies, elles pourront jouer au contraire un grand rôle dans le monde, un rôle à coup sûr prépondérant dans la Méditerranée, ce qui est pour elles essentiel.

Il est donc souhaitable qu'un accord politique permanent s'établisse entre les deux nations. L'Italie ne peut qu'y gagner. Cet accord aura la base solide de la communauté de race et de civilisation, des traditions communes, d'une fraternité ancienne, que les champs de bataille du Frioul et de la Vénétie sont en train de rajeunir, des affinités intellectuelles qu'entretiennent les rapports des savants, les efforts intelligents de groupements antérieurs ou postérieurs à la guerre [1]. Des deux côtés des monts, ou s'aper-

1. L'Institut français de Florence et de Milan, l'Institut Italien de Paris, le Comité France-Italie, l'Association Franco-Italienne de Toulouse, etc...

çoit que ce sont deux nations sœurs, dont des brouilles passagères n'ont fait qu'approfondir l'affection, ayant chacune des qualités brillantes et solides, la clarté de l'esprit, les généreux enthousiasmes, l'amour du beau, l'ingéniosité et la robuste ardeur, l'une plus tôt formée, plus mûre, plus épanouie, plus fortunée, l'autre encore adolescente, plus pauvre, dont les vivacités junéviles sauront se discipliner, toutes deux riches d'avenir

L'accord politique et moral doit se doubler d'un accord économique : France et Italie, voisines, mais non concurrentes, peuvent, dans le monde nouveau, se comporter comme deux complémentaires : elles doivent éviter l'erreur où tombent trop souvent les entreprises qui cherchent à prospérer aux dépens l'une de l'autre, au risque de se ruiner au lieu de s'enrichir en combinant leurs efforts. L'une et l'autre possèdent des matières qui manquent à la voisine : pour ne citer que deux exemples, la France a des capitaux et peu de main-d'œuvre, l'Italie de la main-d'œuvre et peu de capitaux ; la France possède du fer en abondance, l'Italie en manque, mais elle a du soufre ; il existe certainement les éléments d'une sorte de consortium franco-italien, qui mettrait les deux Etats en mesure d'évincer l'Austro-Allemagne de leurs propres marchés et du marché méditerranéen, de les émanciper l'une et l'autre de l'étranger, d'accroître considérablement leur influence économique dans le monde.

Le bloc franco-italien peut et doit être un des fruits de cette terrible guerre ; parmi les groupes de nations qui s'esquissent dans le monde, il doit occuper une place éminente. Nous, Français, nous avons intérêt à la grandeur de l'Italie. Les Italiens ont de leur côté intérêt à la grandeur de la France. Il ne doit y avoir entre eux et nous actuellement qu'un seul front et plus tard qu'une même pensée, une seule politique : faire corps contre le Germanisme.

Le Gérant : EDMOND SCHNEIDER.

MAYENNE, IMPRIMERIE CHARLES COLIN